칭찬은 바보도 천재로 만든다

칭찬은 바보도 천재로 만든다

1판 1쇄 인쇄 | 2016년 11월 25일
1판 1쇄 발행 | 2016년 12월 1일

지은이 | 루이스 B. 스미스
엮은이 | 김주영
펴낸이 | 이현순

펴낸곳 | 백만문화사
출판신고 | 2001년 10월 5일 제2013-000126호
주소 | 서울특별시 마포구 독막로 28길 34(신수동)
대표전화 | (02) 325-5176 **팩스** | (02) 323-7633
전자우편 | bmbooks@naver.com
홈페이지 | http://www.bm-books.com

ISBN 978-89-97260-80-5 (03320)
값 13,000원

그들을 성공시킨 칭찬 한마디

칭찬은 바보도 천재로 만든다

루이스 B. 스미스 지음 | **김주영** 편역

백만문화사

위대한 힘을 가진
칭찬의 힘

미국의 한 심리학자에 의하면, 사람을 움직이게 하는 두 가지 동기가 있는데 하나는 결핍의 동기이고, 또 하나는 성취의 동기라고 하였다.

성취의 동기란 과거에 달성한 업적을 초월하여 좀 더 큰 성취를 향해 나아가려는 것을 말하고, 결핍의 동기란 자신에게 부족한 것을 채우려는 것을 말한다.

보살핌, 관심, 사랑, 그리고 칭찬은 물질적인 것을 주지 않고도 상대방에게 줄 수 있는 가장 좋은 선물이며, 성취의 동기를 이끌어내는 유인물이 되는 것이다.

안데르센은 어머니의 칭찬으로 세계적인 동화작가가 되었으며, 음악가의 재능이 없다고 평을 들었던 카르소도 어머니의 칭찬을 받고 세계적인 성악가가 되었다. 이와 같은 예는 수없이 많다.

 그러나 이렇게 좋은 칭찬도 잘못하게 되면 다른 사람들에게 아첨한다고 오해를 받을 수 있고, 상대방으로 하여금 불쾌감을 느끼게 할 수도 있다. 따라서 칭찬을 할 때에도 제대로 된 방법을 알아야 할 필요가 있는 것이다.

 이 책에서는 칭찬의 진정한 의미와 그 위력을 설명했으며, 어떻게 칭찬을 해야 상대방으로 하여금 성취의 동기를 이끌어낼 수 있는지 구체적인 예를 들어가면서 자세하게 설명하였다.

 아무쪼록 이 책을 통해서 독자들이 칭찬의 참된 의미와 그 위력, 그리고 올바른 칭찬의 방법을 터득하여 서로 기쁜 마음으로 칭찬할 수 있고 칭찬받는 사람들이 되어 보다 밝은 사회가 되기를 염원하는 바이다.

편역자 김주영

PART 06

칭찬할 때 유의할 점

PART 07

상대에 맞추어 효과적으로 칭찬하기

직장에서의 칭찬

part 01

칭찬의
의미와 중요성

–
the
great
power
of
praise
–

칭찬은
시대적 요구다

★
★ ★
★

  기업에 다니는 사원들에게 제일 일하기 싫고 동기부여가 잘
안 되는 때가 언제냐고 물으면 대부분이 위에서 일일이 "이렇
게 해라, 저렇게 해라." 하는 말을 할 때라고 말한다.

  요즘에는 젊은 사람들이 예전처럼 지시하고 질책한다고 움
직이지 않는다. 즉, 충성심만으로는 움직이지 않는다. 또한 젊
은 사람들만 그런 것이 아니다. 중간관리도 그렇고, 고위간부
도 그러하다는 소리다. 다시 말해 30대 이상의 관리자들도 질
책이나 지시, 명령만으로는 움직이지 않고, 움직일 수 없게 되
었다.

  우리나라가 고도의 경제 성장을 할 때에는 직원들이 위에서
내려오는 지시에 맹종하는 경향을 보였다. 승진을 위해서든,

내 집 마련을 위해서든, 자신이 소원하는 목표를 이루기 위해 위의 지시에 따랐다.

열심히 노력하고 조금만 더 참고 견디면 좋은 일이 생길 거라고 믿었기 때문에 상사의 지시에 군소리 없이 응한 것이다. 비록 상사가 인정하지 않더라도 마음속의 불만을 충성심으로 억누르면서 자신이 목표한 것을 손에 넣기 위해 매일 분발할 수 있었다.

그러나 기업 환경이 바뀌면서 업적과 관계없이 정리해고 되는 일이 흔해졌고, '명예퇴직'이라는 허울 좋은 이름 아래 해고 되는 일도 흔해졌다. 하루아침에 '낙동강 오리알 신세'가 되는 것이다. 이렇듯 불안한 환경에서는 자신의 목표를 이루기가 힘들다.

그리고 자신의 자리가 불안한 상태에서는 누구도 이를 악물고 참아가며 상사의 명령을 수행하려고 하지 않는다. "그런 지시는 듣지 못했습니다.", "그렇게까지 하지 않아도….".라는 말이 입버릇이 되었다. 지시와 명령으로 커뮤니케이션이 되던 기업 환경은 이제 사라져버린 것이다.

반대로 사원들에게 동기부여가 잘 되는 때가 언제인가 물으면 거의 90%에 가까운 사원들이 "나를 믿고 일을 맡길 때."라고 대답한다.

바야흐로 시대가 변하여 인정하고 칭찬해줘야 동기부여가

되고 팀이나 조직이 지향하는 목표를 이룰 수 있는 시대가 된 것이다.

이제 칭찬하는 일은 그냥 일시적으로 행해지는 행위가 아니라 매일매일을 살아가는 데 꼭 필요한 에너지가 된 것이다.

2

왜
칭찬이 중요한가?

★
★
★

그러면 칭찬이라는 것의 의미는 무엇일까?

칭찬이란 간단하게 말하면, '인정해주는 것'이다.

인정해준다는 것은 또 무엇을 뜻할까?

인정해준다는 것은 상대가 어떠한 공헌을 했는지 지켜보고 있다가 그것을 명확한 언어로 표현해주거나 그 사람에게 관심을 보이며 선물을 하는 것을 의미한다. 그 외에도 인사를 한다든지 일상에서 자연스럽게 건네는 말에 이르기까지 상대의 존재를 인정하고 있다는 사실을 전달하는 모든 행위가 '인정'에 해당되는 것이다.

자녀교육에서도 칭찬이 중요하다고 하고, 교육 현장에서도 학생들을 인정하는 것이 무엇보다도 중요하다고 가르치고 있다. 뿐만 아니라 비즈니스 세계에서도 부하를 인정하고 칭찬하는 것은 상사에게 반드시 필요한 덕목이라고 수많은 리더십과 매니지먼트 이론서에 적혀 있다. 그만큼 막연한 이론이 아니라 수많은 경험을 통해서 터득하게 된 결론인 것이다.

그렇다면 어째서 '인정'이라는 것이 그토록 중요할까? 인정을 받으면 그만큼 어떤 일을 하고 싶은 의욕이 생기기 때문이다. 또 다른 사람으로부터 인정을 받으면 하늘을 나는 것만큼 기쁘고 기분이 좋아진다. 그렇다면 왜 인정을 받으면 기쁘다는 감정이 생기게 될까?

인간은 아주 먼 옛날부터 협력 관계를 통해 살아남은 종족이다. 좋든 싫든 혼자서 살아갈 수 없는 존재이다. 그렇기 때문에 사람의 생존본능은 끊임없이 자기 자신이 협력 관계의 틀 안에 들어 있는지 아닌지, 동료는 있는지 없는지 점검하게 만든다. 자신이 협력 관계의 틀 안에 있지 않다는 것은 외톨이, 다시 말해 왕따인 동시에 이것은 곧 죽음을 의미하는 것이기에 세밀하게 점검하게 된다. 그리고 점검에서 'OK'라는 답변이 나왔다면 그것은 곧 타인으로부터 인정을 받고 있다는 뜻이 된다.

여기서 인정은 성과를 인정한다는 것만을 의미하지는 않는다. "안녕, 잘 있었어?"하는 인사에도 그 인사 속에 당신의 존재를 인정한다는 뜻의 메시지가 담겨 있다. 그래서 인사를 받으면 우리는 무의식중에 안도를 하게 된다. 인정은 상대에게 불안이라는 마이너스 감정을 제거할 뿐 아니라 제로를 플러스 방향으로 이끌기도 한다.

3

칭찬은
인정해주고 알아주는 것이다

★
★
★

인간관계에 있어서 중요한 법칙이 있다. 당신이 이 법칙을 충실하게 지킨다면 인간관계에서 오는 갈등을 피할 수 있으며, 인간관계를 개선시키고 삶을 윤택하게 이끌어 나갈 수 있을 것이다.

이 법칙은 인간관계의 대부라 할 수 있는 데일리 카네기가 한 말이다.

"상대방에게 자신의 중요성을 알려라."

다른 사람에게 자신의 중요성을 알리고 인정을 받으려는 이 욕구는 인간과 동물을 구분하는 경계선이며, 인류의 문명도 이런 욕구에 의해서 발전된 것이다.

인간이라면 누구나 주위로부터 인정받기를 원한다. 농민이나 국회의원, 세일즈맨, 회사 경영인 등 직업에 관계없이 모두 어떤 형태로든 다른 사람들로부터 인정을 받으려고 한다.

인정받고 칭찬받는 것을 꺼려하는 사람은 이 세상에 한 사람도 없다. 이 세상에서 가장 중요한 존재임을 인정받으며, 아낌없는 칭찬을 받고 싶은 것이 인간의 공통된 마음이다.

한국이 낳은 세계적인 소프라노 가수 조수미는 어느 TV에 출연하여 자신이 소프라노 가수가 된 경위에 대해서 이렇게 말하였다.

"중학교 시절부터 노래를 불렀는데, 어느 날 선생님으로부터 '너는 음색이 아주 좋구나.'라는 말을 듣고 더 열심히 노래를 부르게 되어 상도 타고, 오늘날 이 자리에 서게 되었습니다."

세계적인 경영 컨설팅 권위자인 톰 피터스 교수는 "나는 그동안 많은 사람들로부터 분수에 넘치는 칭찬을 받았지만, 지금도 칭찬을 받으면 기분이 매우 좋습니다. 칭찬이 신물이 나거나 넌더리가 난 적은 한 번도 없었다."고 고백했다.

칭찬은 상대방이 중요한 존재임을 인정해 주는 것이다.

칭찬은
상대방의 장점을 발견하는 것이다

★
★
★

모든 사람에게는 그 나름대로의 장점이나 좋은 점이 있게 마련이다. 이러한 장점이나 좋은 점을 찾아서 칭찬해주면 듣는 상대는 자신의 존재 가치를 다시 생각할 수 있는 기회를 갖게 된다.

그러므로 다른 사람의 장점이나 좋은 점을 찾아서 칭찬해준다는 것은 상대에게 큰 기쁨을 주는 것이고, 그런 기쁨을 준 당신도 상대로부터 사랑과 존경을 받게 되는 것이다.

또한 다른 사람의 장점이나 좋은 점을 찾으려고 노력하다 보면, 자신의 인간됨을 보다 풍요롭게 할 수 있고 보다 많은 사람들을 사랑할 수 있는 능력을 키울 수 있게 된다.

다른 사람의 장점은 언제 어디서나 찾을 수 있다.

다음과 같은 것을 장점으로 간주할 수 있다.

> ☑ 표정이 항상 밝고, 생기가 있으며, 침착한 태도
> ☑ 말씨가 정중하고, 독특한 표현력과 뛰어난 설득력
> ☑ 발표할 때 정리를 잘 하고, 개성이 있으며,
>   논리에 맞게 결론을 내는 태도
> ☑ 자신 있는 태도를 취하면서도 겸손한 자세 등

프랑스의 샹송 가수 줄리에뜨 그레꼬는 퀭한 눈에 우뚝 선 코를 가진 볼품없는 무명가수에 불과했다. 그녀는 생 제르망 거리에 있는 한 카페에서 노래를 부르고 있었는데, 한 손님이 그녀를 보고 속삭이듯 말하였다.

"저음을 노래할 때, 저 아가씨의 눈에서 백만 볼트의 전압이 번쩍이는 것 같아."

이날 이후 그녀는 자신의 외모에 자신감을 갖게 되었고, 눈을 돋보이게 하는 속눈썹 화장 외에는 그 어떤 화장도 하지 않았다고 한다. 그 뒤로 그녀는 유명한 샹송 가수가 되었다. 한 손님의 칭찬이 그녀에게 자신감을 심어준 것이다.

누구나 자신이 깨닫지 못하고 있을지라도 한두 가지 장점은

가지고 있는 법이다. 상대방의 그런 장점들을 발견하여 칭찬 해준다면 상대방의 인생은 긍정적으로 바뀌고 당신은 상대로 부터 사랑과 존경을 받게 될 것이다.

5

칭찬은
상대를 높이 평가하는 것이다

★
★
★

칭찬한다는 것은 칭찬을 받는 사람을 높이 평가하고 있다는 자신의 마음을 전달하는 일이다.

누구든지 다른 사람으로부터 좋은 평가를 받게 되면 기분이 좋아진다. 이것은 인간에게 있어서 공통적인 심리이다.

그래서 아직 어린아이나 다 큰 어른을 가리지 않고 인간은 모두 칭찬을 좋아한다. 칭찬을 받고 화를 낼 사람은 아무도 없다. 우리 자신의 지난 경험을 돌이켜 보더라도 이것은 분명한 사실임을 알 수 있을 것이다.

사람들은 마음속에 멋있고 아름다운 자신, 다른 사람들의 눈에 매력적으로 비치는 자신, 주위의 칭찬을 받고 있는 자신 등 자신이 꿈꾸는 환상적인 자신을 떠올리며 그 실현을 바라고 있다.

사람들은 누구나 이러한 자아를 실현하려는 욕구에 따라 행동한다. 그러나 사람마다 그것을 충족하는 기준은 다르다. 어떤 사람은 돈을 중요하게 생각할 수도 있고 어떤 사람은 돈보다 명예를 소중히 생각할 수도 있다. 또 다른 사람은 사랑이나 우정을 인생 최고의 가치로 생각하기도 한다.

이렇게 사람마다 기준이 다르더라도 누구나 칭찬을 해주면 자기만족과 자기사랑의 욕구를 충족하게 된다.

자기만족과 자기사랑의 욕구는 자아실현의 욕구와 연결되어 있다.

그런 의미에서 칭찬은 모든 사람들의 자아실현 욕구를 충족시켜 주는 좋은 방편이다.

일례로 미국 코네티컷에 사는 주부들을 대상으로 행해진 연구 결과는 아주 흥미롭다.

연구자들은 비영리단체의 후원금 모금이 시작되기 일주일 전에 미리 주부들에게 '자비심이 많은 분들'이라는 칭찬을 해주었다. 그리고 일주일 후 모금을 한 결과 칭찬을 듣지 않은 주부들보다 칭찬을 들었던 주부들이 훨씬 더 많은 후원금을 기부했다는 사실을 확인할 수 있었다.

또 다른 예로 나폴레옹은 칭찬받기를 싫어했던 사람으로 알려져 있다.

어느 날 부하 한 명이 나폴레옹에게 이렇게 말하였다.

"저는 장군님을 대단히 존경합니다. 장군님의 칭찬을 싫어하는 그 성품이 마음에 들었기 때문입니다."

이 말을 들은 나폴레옹은 몹시 흐뭇해했다고 한다.

역시 나폴레옹도 칭찬에는 약한 인간이었음을 입증한 것이다.

칭찬을 싫어하는 그 성품이 마음에 들었다는 말이 칭찬이기 때문이다.

영국의 유명한 소설가 서머셋 모옴은 이렇게 말했다.

"사람들은 당신에게 비평을 원하지만 사실은 칭찬받고 싶어 할 뿐이다."

6

칭찬은
사람을 사람답게 대접하는 것이다

★
★
★

인간관계에 있어서 가장 문제가 되는 것은 부정적인 편견이다.

사람의 생각을 소리로 나타내는 것이 말이다. 그래서 부정적인 생각을 가진 사람은 좋은 소리가 입 밖으로 나오지 않는다.

우리는 다른 사람에 대한 생각을 형성할 때 당시의 감정, 선입견 등으로 오류가 발생하여 자주 편견을 갖게 된다.

이러한 편견으로 어느 누구를 미워하고 무시하게 되면 상대도 어렵지만 자신도 힘이 들게 된다.

"가는 말이 고와야 오는 말이 곱다."라는 말이 있다. 인간관계는 서로가 서로를 어떻게 생각하느냐에 달려 있다.

회사에서도 마찬가지다. 리더십도 인간관계의 범주에 속한다. 상사가 부하를 긍정적으로 생각할 때 부하도 상사를 긍정적으로 생각하게 된다.

긍정적인 인간관계 안에서 창의적인 아이디어가 나올 수 있고, 또한 구성원들이 일에 몰두할 수 있게 된다.

반대로 부하를 부정적으로 보고 자신의 수족으로만 생각한다면 부하를 대할 때 일방적으로 밀어붙이게 된다. 그러면 부하도 상사를 부정적으로 대하게 되고 뒤에서 험담을 늘어놓게 되거나 방해를 하는 등의 극단적인 결과를 가져오게 된다. 이때는 일을 하는 것이 뒤로 밀리게 된다.

"누구를 평가하려면 그 사람의 신발을 신어 보아라."

이것은 인디언의 속담이다. 남의 신발을 신는다는 것은 그 사람의 입장을 제대로 이해한다는 것이다.

사람을 칭찬한다는 것은 부정적인 편견을 버리지 않고서는 불가능하다. 그 사람의 잘못된 점, 나쁜 점만 보이는데, 어떻게 그 사람을 칭찬할 수 있겠는가?

따라서 사람을 제대로 보고, 사람답게 대접하는 것은 제대로 된 칭찬을 하기 위한 필수 조건이라고 할 수 있다.

칭찬은
생산적인 사랑이다

★
★
★

　조직에서 리더가 구성원을 긍정적으로 생각하는 것에서 한 걸음 더 나아가서 그 구성원들을 사랑해 본다면 어떨까? 분명히 그 조직은 무서운 힘을 발휘할 것이다.

　인류애는 오직 종교 지도자들만이 실천했던 것이 아니다. 역사에 이름을 남긴 리더들은 모두 세상 사람들을 사랑하는 인류애를 실천한 사람들이다. 그들은 사람들에게 더 살기 좋은 이상향을 제시했고, 사람들을 그곳으로 인도하려고 노력한 사람들이다.

　리더는 그 조직의 구성원을 사랑해야 한다. 부모가 자식을 사랑하듯이, 교사가 제자를 사랑하듯이 구성원을 사랑해야 한다. 그리고 그 사랑이 생산적인 사랑이 되기 위해서는 혼자서 마음속으로 하는 것이 아니라 타인에게 그 사랑을 드러내야 한다. 이렇게 나타내는 것이 곧 칭찬이다.

생산적인 사랑을 표현하는 것도 하나의 기술을 요한다. 왜냐하면 사랑의 표현이 잘못되면 때로는 상대방이 오해하고 상대방을 착각하게 만들기 때문이다.

생산적인 사랑에는 상대방에 대한 이해와 존중, 책임, 보호 등이 포함된다.

또한 생산적인 사랑에는 구성원들이 그들의 개성을 유지할 수 있는 자유롭고 평등한 인간관계도 포함된다.

상사가 부하를 생산적으로 사랑하게 되면 부하를 신뢰하게 되고, 칭찬을 아끼지 않게 될 것이다. 부하가 상사를 생산적으로 사랑하게 되면 존경하는 마음으로 순응하게 될 것이다.

또한 동료들 간에 생산적인 사랑을 하게 되면 서로 화합하게 되고 서로에게 칭찬을 아끼지 않을 것이며 항상 웃음이 넘치게 될 것이다.

part 02

4가지 인간형과
그에 따른 칭찬의 방법

—
the
great
power
of
praise
—

4가지
인간형

★
★
★

    일상생활이나 사회생활을 하는 동안 칭찬을 해 본 경험이 있다면 사람에 따라 칭찬을 받아들이는 것에 다소 차이가 있음을 이미 알고 있을 것이다. 어떤 사람은 칭찬을 해주면 좋아하지만 어떤 사람은 그렇지 않다. 분명히 똑같은 칭찬을 해주었는데 어떤 사람은 기분 좋게 받아들이는데 어떤 사람은 시큰둥한 반응을 보이며 심지어는 불쾌감까지 표시하는 경우도 있다. 따라서 칭찬을 통해 좋은 효과를 얻기 위해서는 상대를 얼마 동안 지켜본 다음, 적어도 그 사람이 저항을 느끼지 않는 방식으로 칭찬을 해야 된다.

    어떤 사람이 어떤 칭찬에 저항을 느끼는가는 십인십색으로 열 명 모두 동일하지가 않다. 그러나 사람의 경향에 따라 몇 가지 유형으로 크게 분류할 수 있다.

먼 옛날 고대 그리스 시대의 최고 의학자이자 철학자인 히포크라테스에 의하면 인간에게는 네 가지 유형이 있다고 하였다. 즉 사람이나 사물을 지배하는 것을 좋아하는 ET형, 사람이나 사물과 접촉하는 것을 좋아하는 EF형, 주위 사람들과의 협력을 중요시하는 IF형, 그리고 분석이나 전략을 세우기를 좋아하는 IT형이다.

> ☑ ET: Extroverted Thinking Type(외향적 사고형)
> ☑ EF: Extroverted Feeling Type(외향적 감정형)
> ☑ IF: Introverted Feeling Type(내성적 감정형)
> ☑ IT: Introverted Thinking Type(내성적 사고형)

각 유형의 특징은 다음과 같다.

01 | ET형 사람들의 특징

사람이나 사물을 지배하는 것을 좋아하는 ET형은 야심만만한 행동파로 자신이 생각하는 대로 일이 진행되는 것을 좋아한다. 과정보다는 결과를 중시하고, 위험을 두려워하지 않으며, 목표달성을 위해 매진한다. 이들은 결단력이 있고, 표현방법도 단도직입적이다. 자신의 나약한 모습을 타인에게 내비치는 일이 없고, 감정을 표현하는 데에는 서툴다. 타인의 지시에 따르는 것을 무엇보다도 싫어하며, 다른 사람에게 지시하는 것을 좋아한다. 그러나 이들은 의리를 중요시하고, 인정은 매우 많은 편이라 누가 부탁을 하면 거절을 못한다.

이 유형의 사람들은 커뮤니케이션에 있어서 상대의 얘기가 좀 길어지면 불만스러운 표정이 그대로 얼굴에 나타나고 다른 사람이 이야기할 때에는 맞장구를 치면서 빨리 끝내려고 서두르는 경향이 있다. 질문에 대답도 짧게 한다. 자세한 설명도 꼭 필요한 부분만 얘기한다. 반면에 자기가 얘기를 할 때에는 상대방의 기분 따위는 상관하지 않고 길게 늘어놓는다.

02 ｜ EF형 사람들의 특징

반면에 EF형은 자신의 독창적인 아이디어를 소중히 여기고, 다른 사람들과 활동적으로 일하는 것을 좋아한다. 맺고 끊는 것이 확실하고 능숙하다. 매사에 자발적이며 활력이 넘친다. 호기심이 강하고 낙천적이기 때문에 사람들로부터 호감을 얻는다. 새로운 일을 시작하는 것은 잘 하지만 그 일을 중장기 계획을 세워서 계획대로 진행하는 것에는 서툴다.

감정이 풍부하고 대화를 할 때에는 몸짓을 크게 하는 것이

특징이다. 또한 이야기 전개가 매우 빨라 한 가지 일을 이야기
하다가 어느 새 다음 화제로 옮긴다. 보디랭귀지가 풍부하고
기분을 항상 솔직하게 표현하며 표정이 무척 풍부하다. 가만
히 있는 일이 거의 드물고, 언제나 주위 사람들에게 말을 걸거
나 여기저기 돌아다니는 것을 좋아한다.

03 | IF형 사람들의 특징

이 형의 사람들은 협력관계를 소중히 여기기 때문에 남을
돕는 것을 좋아한다. 주위 사람의 기분에 민감하고, 배려를 잘
한다. 일반적으로 사람을 좋아한다. 자기 자신의 감정은 억제
하는 편이고, 'No'라는 말을 가급적으로 피하는 경향이 있다.
자신이 내놓은 제안이나 요구에 대해서 소극적이다. 또한 사
람들로부터 인정받고 싶어 하는 경향이 강하다.

IF형은 상대가 하는 말에 맞장구를 치면서 귀를 기울인다.
질문을 던지면 엉뚱한 답변을 한다거나 자기 방어를 위해 최
소한의 답변만 하는 경향이 있다. 상대가 의도한 대로 답변하
려고 힘쓴다. 얘기한 다음 상대의 기대에 부응했는지 확인하
려는 경향이 있다. 함께 있으면 상대가 기분 좋은 시간을 보낼
수 있도록 무척 신경을 쓴다.

마지막으로 IT형은 행동하기 전에 가능한 많은 정보를 모으고, 분석하고 계획을 세운다. 일을 객관적으로 처리하는 능력이 뛰어나고, 매사에 성실하다. 또 완벽주의자여서 실수를 싫어한다. 반면에 변화에는 약하다. 신중하게 행동하고 사람들과의 관계에도 신중하다. 감정을 겉으로 드러내지 않는 경향이 있다. 조언자나 해설자가 되기 쉽다.

대화를 할 경우에 이 유형의 사람들은 신중하게 단어를 선택한다. 생각에 앞서 먼저 말을 하는 경우가 드물며, 생각을 잘 모으고 정리하여 결론을 내린다. 더욱이 질문을 받으면 그 자리에서 답변을 하지 않기 때문에 반응이 더딘 편이라고 할 수 있다. 그래서 대화를 할 때, "글쎄요.", "그런가요?"라는 표현을 자주 쓴다. 신중하게 생각할 시간을 벌기 위한 것이다. 차분히 생각하는 경우가 많아 표정은 대개 차갑다.

이상으로 네 가지 유형을 살펴보았지만, 어떤 사람이 ET형이라고 해서 반드시 그 사람이 ET형의 면모만을 가지고 있다고 할 수는 없다. 당연히 다른 유형의 성격도 함께 가지고 있을 수 있다. 그러나 네 가지 유형을 모두 골고루 가지고 있는 경우는 없다고 할 수 있다. 사람에 따라 비교적 두드러지는 유형이 있을 것이다.

2

ET형의 사람들에게
효과적으로 칭찬하는 방법

★
★
★

모 회사에서 일어난 일이다.

팀장이 자기 팀의 부하 직원을 불렀다.

"자네가 영업 활동을 잘 한다고 회사 내에서 칭찬이 자자하더군."

"감사합니다."

부하는 머리를 숙이며 말했다.

"그런데 자네 프리젠테이션 능력도 선천적으로 타고났다면서?"

그러자 부하는 당황했다. 자기 스스로 프리젠테이션 능력이 좀 부족한 것 같아서 고민을 하고 있었는데 팀장으로부터 그런 말을 들으니 그것이 칭찬인지 질책인지 구분할 수가 없었다.

상사는 부하를 칭찬함으로써 동기를 부여하고 좀더 일을 잘 하도록 격려하려고 했다. 그런데 이런 칭찬은 ET형의 사람들에게는 통하지 않는다.

전형적인 ET형의 사람들은 컨트롤 당하지 않으려는 경향이 강하다. 그래서 상대가 지나치게 인사치레로 칭찬을 하면, 상대의 저의를 의심한다. 즉 자신의 기분을 띄워 놓고 자기 마음대로 조종하려고 하는 것이 아닌가 하는 의심을 품는다. 따라서 너무 지나친 칭찬은 효과가 나타나지 않는다.

그럼 ET형의 사람들에게는 어떻게 효과적으로 칭찬할 수 있을까?

우선 그 사람 개인에 대해서 칭찬하기보다는 소속된 팀이 일하는 모습이나 분위기에 대해서 칭찬하는 것이 좋다.

"자네 팀은 요사이 일을 열정적으로 한다면서?"

"이번 달 자네 팀의 성적이 회사 내에서 최고라면서?"

이런 식으로 칭찬하는 것이 좋다.

이런 식으로 칭찬을 함으로써 컨트롤 당한다는 느낌이 생기지 않게 된다.

CEO나 경영자들 중에서 많은 사람들이 이 유형에 속한다. 따라서 이런 유형의 경영자에게는 "사장님은 리더십이 좋으십니다."라는 칭찬보다는 "회사의 분위기가 매우 활기찹니다."

라는 식의 칭찬이 효과적이다.

ET형의 부하 직원을 칭찬할 때에는 출신학교에 대한 칭찬을 해도 좋고, 담당하고 있는 고객에 대한 칭찬을 해도 좋다. 그 사람 자신이 아닌 주변에 대해서 칭찬 공세를 하는 것이 이런 유형의 사람들에게는 효과적인 칭찬의 방법이다.

그리고 이런 타입의 사람들에게는 매우 껄끄러운 문제를 같이 의논하거나 맡기는 것도 칭찬의 좋은 방법이다. 단호하고 정직하게 껄끄러운 문제에 대해서 말을 해보면 의외로 마음이 변화하는 것을 느낄 수 있다. 이것은 그런 어려운 문제를 자신에게 말했다는 것이 곧 자신의 능력을 인정하고 있다는 생각을 하기 때문이다. 결국 기분이 좋아지면서 쉽게 관계 구축의 실마리가 되는 것이다.

3

EF형의 사람들에게
효과적으로 칭찬하는 방법

★
★
★

　ET형과는 달리 칭찬을 들으면 들을수록 기분이 더 좋아지는 것이 EF형이다. 그들은 칭찬을 들으면 상대가 무슨 뜻으로 그런 칭찬을 하는지 알아보려는 생각은 하지 않는다.

　다른 형의 사람들은 그저 인사치레로 하는 말이겠지 생각할 정도의 칭찬을 해도 아무런 문제가 되지 않으며, 그저 순수하게 받아들인다.

　이 유형의 사람들은 주위 사람들이 자신에게 관심을 가지고 있는가에 대해서만 신경을 쓰기 때문에 어떤 표현이든 상관이 없다. 주위 사람들이 자신에게 관심을 갖는 것만으로 만사가 OK이다.

　따라서 EF형의 사람들은 무조건 칭찬을 하면 좋아한다. 관심을 보여주면 된다. 만일 칭찬할 만한 일을 발견하지 못했다면 우선 그의 외모나 패션에 대해서라도 칭찬을 하는 것이 좋다.

이 EF형의 사람들은 자신만의 이상적인 자신의 모습을 꿈꾸면서 그것을 추구하기 때문에, 특히 스스로 잘했다고 생각한 일이나 자신이 생각하기에 잘 될 것 같은 아이디어를 부정당하면 그것을 계기로 분발하기보다는 움츠리기 쉽다. 따라서 가능하면 부정적인 말을 하지 않는 것이 좋다. 상대에게 무엇인가 긍정적인 부분을 찾아내서, 그것을 어떻게 하면 살릴까를 생각해야 한다.

EF형에게 동기부여를 하려면 매일 한 가지라도 좋으니 감탄사를 붙여서 칭찬하는 것이 좋다.

예를 들어서 월요일에는 "대단하네!", 화요일엔 "자네는 천재야!", 수요일에는 "최고야, 최고!", 목요일에는 "자네밖에 없어.", 금요일엔 "믿을 수 있는 사람은 역시 자네야!" 하는 식으로 칭찬하는 것이 동기를 부여하는 최고의 방법이 된다.

EF형의 부하에게 동기부여를 하기 위해서는 일주일간만이라도 계속해서 칭찬을 해보면 큰 효과가 나타날 것이다.

IF형의 사람들에게
효과적으로 칭찬하는 방법

★
★ ★
★

IF형은 주위의 기대에 부응하려고 꾸준히 노력하지만, 그 노력을 인정받기를 원하고 있다는 메시지는 좀처럼 보내지 않는다. 그러나 사실은 상대가 자신의 그런 노력을 제대로 평가해주는지 어떤지 항상 관찰하고 있으며, 만약 상대가 그런 노력을 가볍게 취급하면 큰 일이 벌어지기도 한다.

역사적으로 볼 때 ET형의 리더가 IF형의 참모를 제대로 인정해 주지 않아서 어느 날 갑자기 참모가 반란을 꾀한 일이 많이 있다. 권력자들은 제2인자를 칭찬해주거나 인정해주는 데에 항상 매우 인색한 것 같다. 그래서 끝내 비극으로 끝나는 것을 동서양을 막론하고 역사에서 많이 볼 수 있다.

한 기업의 인사 담당자들로부터 들은 이야기지만, 어느 날 갑자기 사표를 내는 사람들을 보면 IF형의 사원들이 압도적으로 많다고 한다. 그들은 스트레스를 누르고 누르다가 더 이상 참지 못하고 어느 날 갑자기 사표를 던진다고 한다.

ET형에는 이런 일이 드물다. 왜냐하면 불평이나 불만이 있으면 평소에 기탄없이 말하기 때문이다. 그래서 ET형의 경영자들이 평소 불만이 없던 IF형의 참모들로부터 어느 날 갑자기 사표를 받고나서 당황하는 일이 기업에서 자주 일어난다.

IF형의 부하들에게는 '시험'하지 말아야 한다. 이런 유형의 부하들에게 일을 맡겼으면 일이 끝난 다음에는 "정말 수고했네."라고 빈말이라도 반드시 해야 한다.

다른 사람들로부터 인정을 받기를 원하고, 다른 사람들의 기대에 부응하려고 노력하는 IF형의 사람들에게는 될 수 있는 한 감정이나 느낌을 말로 직접 표현해주어야 한다. "도와주어서 고맙다.", "정말로 도움이 되었다." 등의 말로 메시지를 전하는 것이 칭찬의 효과적인 방법이다.

IF형의 사람들은 자신이 받은 칭찬이나 인정이 적어지면 다른 형의 사람들보다 훨씬 불안감이 커진다.

IT형의 사람들에게 효과적으로 칭찬하는 방법

★
★
★

IT형의 사람들을 효과적으로 칭찬하려면 무엇보다도 많은 관찰을 해야 한다.

이 형의 사람들을 칭찬할 때, EF형의 사람들을 칭찬하듯 불쑥 칭찬해서는 효과가 없다.

그런 칭찬을 하면 그런 말을 하게 된 이유가 무엇인지 살피는 경향이 있다.

굳이 칭찬을 하려면 구체적으로 어떤 부분이 좋았는지 명확하게 짚어주어야 한다. 그래야 상대는 진정으로 칭찬을 들었구나 하는 생각을 하게 된다.

이 유형의 사람들에게 필요한 것은 자신의 전문성에 대한 인정과 칭찬이다. 따라서 이들은 조금 까다로운 사람들이라고 할 수도 있다.

예를 들어서 부하 직원과 함께 회의장에 가서 그 부하 직원의 프레젠테이션을 들었을 때, 부하가 EF형이면 "오늘 정말 대단했어. 자넨 천재야!" 하고 말하면 칭찬으로 효과를 충분히 볼 수 있다.

그러나 부하가 IT형이라면 그런 말로 칭찬을 하면 오히려 의구심을 갖게 된다. '내 프레젠테이션에 대해서 제대로 알고는 있는가?' 하고 생각할 것이다. 따라서 칭찬을 할 때에는 어디가 좋았는지 구체적으로 얘기해야 한다.

"오늘 프레젠테이션이 아주 좋았어. 특히 다른 회사와 비교를 한 부분은 눈길을 끌더군. 듣고 있자니 이해가 아주 쉽게 되었어."

이렇게 구체적으로 칭찬을 해야 제대로 인정받고 칭찬을 듣는다고 생각하게 된다.

IT형에 대한 칭찬을 할 때 또 하나 중요한 것은 이들의 페이스를 존중해주는 것이다. IT형의 사람들은 어차피 할 것이라면 자신의 생각을 가능한 정확히 정리해서 얘기하고 싶어 하는 경향이 있다. 그러므로 출력에 시간이 걸린다. 이 시간을 배려해주면 이 유형의 사람들은 자신이 존중받고 있다고 생각한다. 조금 느려도 믿고 기다려준다는 것이 그에게는 무척 크나큰 인정이 되는 것이다.

이들의 페이스를 존중해주고, 때로는 전문성을 제대로 인정해준다. 이것이 IT형의 사람들을 칭찬하는 좋은 방법이다.

part 03

칭찬의
효과

–
the
great
power
of
praise
–

1

성취의 동기를
이끌어낸다

★
★
★

미국의 한 심리학자에 의하면, 사람을 움직이게 하는 두 가지 동기가 있는데 하나는 결핍의 동기이고, 또 하나는 성취의 동기라고 하였다.

결핍의 동기는 배고픔, 졸림 등 생리적 욕구와 안전의 욕구이다.

성취의 동기는 자아실현의 욕구이며 우리 인간을 발전시키는 원동력이다. 보살핌, 애정, 인정, 사랑, 그리고 칭찬이 이 성취의 동기를 이끌어낸다. 따라서 이것들은 우리가 상대방에게 줄 수 있는 가장 값진 선물들이다.

그 중에서도 칭찬은 인간을 성장시키는 중요한 요소라고 할 수 있다.

인간이란 존재는 참으로 묘한 동물이다.

칭찬을 받으면 기분이 좋아져서 일을 더욱 열심히 하게 되고, 또 칭찬받고 싶어서 더욱 열심히 일에 매진하게 된다. 이렇게 열심히 하다가 보면, 재능이 더욱 향상되고, 그 결과 자신이 바라던 방향으로 나아가게 된다.

따라서 만약 당신 자신이 발전하기를 원하고 있다면 자기 자신에 대해서 스스로 칭찬을 해보자.

당신 자신이 자신에게 훌륭하다고 말하는 것은 다른 사람이 당신에게 말하는 것보다 더 큰 효과가 있다. 무엇을 하든지 정말 잘 하고 있다는 생각을 갖도록 자신을 추켜세워야 한다.

그러면 무슨 일이든지 잘할 수 있고, 발전할 수 있다. 자신을 칭찬할수록 당신 스스로도 자신이 점점 더 발전해 나가는 것을 느낄 수 있을 것이다.

자신감을
갖게 한다

★
★
★

칭찬은 상대로 하여금 자신감을 갖게 한다. 상대방을 불신하거나 미숙하다고 여기고 어정쩡한 태도로 대할 때 상대는 자신감을 상실하게 되지만, 칭찬을 가할 때 상대는 자신감을 갖게 된다.

세계의 3대 성악가 중에 한 사람인 카르소는 성악가가 되고 싶어서 음악 공부를 열심히 하였는데, 그의 음악 선생님은 그가 성악가로서 재능이 없다며 제대로 가르쳐 주지 않았다.

카르소가 어느 날 의기소침하여 집으로 돌아오자 그의 어머니가 물었다.

"왜 그렇게 힘이 없니?"

그러자 카르소는 음악 선생님이 한 말을 전했다.

"음악 선생님이 저 보고 음악적인 재능이 없다고 해요."

그의 어머니는 그를 품에 안고 이렇게 말했다.

"선생님이 잘못 보신 거야. 너는 틀림없이 성악가가 될 거야. 너에게는 천부적인 재능이 있어."

어머니의 말에 자신감을 얻은 그는 그때부터 열심히 노력하여 마침내 세계적인 테너 가수가 되었다.

칭찬을 들으면 누구나 자신감을 갖게 된다.

우리나라 직장에서 상사들은 아랫사람에게 칭찬을 하거나 따뜻하게 격려해주는 일이 드물다.

사람들은 왜 그렇게 칭찬에 인색할까?

그것은 감정을 그대로 나타내는 것에 거부감을 가지고 있거나 익숙하지 못하기 때문이다.

이렇게 되면 칭찬 대신에 꾸짖거나 훈계하는 일만 찾게 된다.

굴지의 건설회사에 다니는 J 팀장은 자신이 무능하다고 생각해본 일이 없는데 항상 직속 상사인 상무로부터 야단만 맞았다.

"기획안이 이게 뭐야?"

"보고서를 이렇게밖에 못 쓰나?"

그래서 그는 사직을 고려하고 있었다.

그런데 어느 날 예상 외의 일이 벌어졌다.

상무가 갑자기 J 팀장을 칭찬하기 시작한 것이다.

전과 별로 달라진 것이 없는데도 칭찬을 들은 J 팀장은 처음에는 어리둥절했지만 차츰 자신감이 생기기 시작했다.

"아, 나도 잘 할 수 있구나!"

그는 업무 태도부터 달라지기 시작했다. 그때부터 모든 일에 최선을 다하였다. 마침내 그는 그 회사에서 최우수 사원으로 뽑히게 되었다.

칭찬은 누구에게나 할 수 있다는 자신감을 갖게 한다.

3

긍지를
갖게 한다

★
☆
★

"사람이 일생 동안 살아가면서 이야기하는 대화의 3분의 1은 남의 이야기이고, 3분의 1은 성^{sex}에 대한 이야기이며, 결국 나머지 3분의 1만 필요한 이야기이다."라는 말이 있다.

이 3분의 1 속에 꼭 들어가야 할 말이 칭찬이다.

심리학에 상호작용이라는 것이 있다. 인간의 신체와 정신의 발달은 유전적인 요인과 환경적인 요인이 서로 영향을 주고받아 그 결과로 이루어진다는 것이다. 그런데 심리학자들은 유전적인 요인보다 환경적인 요인을 강조한다. 그래서 가정과 학교, 사회에서 교육받는 것의 중요성을 그 무엇보다도 강조한다.

사람이 성장하는 환경은 노력 여하에 따라 얼마든지 바꿀 수 있기 때문이다. 사람과 사람 사이에 칭찬이라는 긍정적인 환경 요인이 들어감으로써 마음가짐이 바뀌게 되고, 이런 것이 계속 이어지면 세상도 밝게 만들 수 있다.

몇 년 전, 모 회사에서는 회사 차원으로 '서로 칭찬하기 운동'을 벌였으며, 공장에서도 '한 번 더 참고 웃는 얼굴로 칭찬하기 운동'을 시행하였다. 그 결과 사내에서 큰 소리로 꾸중하는 경우는 점차 사라지고 업무 능률도 예전보다 훨씬 향상되었다고 한다.

또 다른 회사에서는 모 부사장에 대한 직원들의 칭찬이 대단하다.

그것은 부사장이 직원들과 직접 대화하며 그것을 회사 경영에 반영시키고 있기 때문이었다.

부사장은 매월 첫 주의 월요일 저녁 식사를 회사의 경비원들과 함께한다.

이런 식으로 식사 시간을 이용하여 회사 내의 많은 사람들과 정기적으로 대화를 한다. 식사를 하면서 개개인의 요구 사항에 대해서 듣고 회사 사정에 대해서도 이야기를 해준다.

부사장은 이러한 과정에서 여러 직원들에게 칭찬을 듣게 되었고 그러한 칭찬은 부사장으로 하여금 긍지와 자신감을 갖게 하였을 것이다. 그리고 그 긍지와 자신감이 또다시 회사를 밝게 만드는 힘이 되는 것이다.

4

믿고
존경하게 된다

★
★
★

사람들은 다른 사람들로부터 칭찬을 받거나 자신이 칭찬하는 사람을 믿고 존경하기 마련이다.

그리고 사람들은 자신이 존경하거나 호의를 갖고 있는 사람의 행동을 무의식적으로 따라하게 된다. 또한 사고방식이나 버릇까지도 무의식적으로 모방하게 된다.

즉 다른 사람을 칭찬함으로써 다른 사람의 장점을 자신의 것으로 받아들이는 기회를 얻고 자신을 발전시키는 기회를 얻게 되는 것이다.

그래서 예술가들은 자신보다 훌륭한 재능의 소유자를 칭찬하고 영감과 자극을 받아 자신의 재능을 높여 나간다.

진정한 예술가들이 서로의 위대함을 솔직히 인정해 주는 사레들을 종종 볼 수 있는데, 독일의 작곡가 베토벤은 아르미다 Armida 를 작곡한 이탈리아의 작곡가 케루비니의 음악성을 어느 곳에서나 거리낌없이 칭찬하였다고 한다. 그리하여 케루비니의 오페라들은 베토벤의 음악에 큰 영향을 미쳤다.

또한 프랑스의 작곡가 베를리오즈는 베토벤의 음악에 대해서 뜨거운 칭찬을 보냈다.

"위대한 베토벤의 음악을 들었을 때 나는 음악이라는 예술이 궁극적으로 도달해야 할 목표를 깨달았다. 그의 음악보다 훌륭한 음악을 만들 수 있을지는 모르지만 베토벤과는 다른 방향도 있을 것이다. 세상에는 항상 새로운 것들이 나오니까. 나는 반드시 해내고 말 것이다."

그리고 그는 결국 당시의 상식을 뒤엎는 레퀴엠이라는 교향곡을 작곡하게 되었다.

이들은 칭찬의 진정한 가치를 알고 다른 사람을 칭찬함으로써 자신도 발전할 수 있다는 적극적인 인생관을 갖고 있었던 것이다.

5

신명나게 일하도록
만든다

★
★
★

　일터에서의 칭찬은 일할 기운을 나게 하는 활력제와 같은 존재다.

　성경에는 일하기 싫거든 먹지도 말라는 구절이 있으며, 독일의 수상 비스마르크는 '독일 청년에게 고함'이라는 글에서 이렇게 말하였다.

　"내가 독일 청년에게 하고 싶은 말은 세 가지다.

　일하라! 좀더 일하라! 끝까지 열심히 일하라!"

　모두 일하는 것의 중요성을 알려주는 말들이다.

　그러나 사람은 자기가 하고 싶어서 일할 때에만 힘을 낼 수 있는 것이며, 성과도 오르는 것이다.

　따라서 상사는 일을 억지로 시키는 것보다 스스로 일하는 상황을 만들어주는 것이 필요하다. 이것이 현명한 일이다. 이렇게 스스로 일하는 상황이 되려면 상사와 팀원 간의 인간관계가 좋아야 하며, 이러한 인간관계를 만들어 주는 것 중의 하나가 바로 칭찬이다.

윌리암 워더는 '우리는 이런 상사를 만나고 싶다.'라는 글에서 상사에게 다음과 같이 권하고 있다.

"팀장님, 신입사원이 일을 잘했을 때에는 적극 격려해 주십시오. 처음 몇 달 동안에는 그때그때 작은 것이라도 칭찬해서 자극을 줘야 합니다. 특히 만약 일을 잘했다면 그것을 인정해 줘야 합니다. 그리고 그 후에도 정기적으로 잘한 일에 대한 칭찬과 긍정적인 평가를 해줘야 합니다."

특히 긴장하고 있는 신입사원들에게 칭찬은 반드시 필요하다.

반면에 대부분의 사원들이 상사로부터 칭찬의 말을 들을 수 없는 상황일 때 자신의 일과 칭찬은 관계가 없는 것이라고 생각하기가 쉽다. 그러나 정말 중요한 칭찬은 자신의 내부에서 나오는 것이라는 것을 깨달아야 한다. 그것은 성취감에서 오는 두근거림, 자부심, 만족감 같은 것이다.

6

직원들의
기를 살려준다

★
★
★

　르네상스 시대의 거장으로 이탈리아의 조각가인 미켈란젤로가 조각한 작품 〈밤〉은 어찌나 생동감이 있었는지, 이 작품을 보고 감격한 스트로치라는 시인은 미켈란젤로를 칭찬하는 '미켈란젤로의 시'라는 시집을 지었다고 한다.
　"자고 있는 모습의 조각상이 살아있는 듯하여 잠에서 깨어나 말을 할 것 같다."
　이러한 칭찬들이 미켈란젤로의 열정을 끌어내고 그가 가진 능력을 최대한으로 발휘하게 만들었던 것이다.

　직장에서 볼 수 있는 CEO들은 세 가지 유형이 있다고 한다.
　삼류의 CEO는 자신의 능력을 사용하고,

이류의 CEO는 타인의 능력을 빌리고,

일류의 CEO는 타인의 능력을 사용한다.

타인의 능력을 사용한다는 것은 한 사람, 한 사람이 가지고 있는 능력을 최대한으로 발휘하게 만든다는 것을 말한다.

그렇다면 어떻게 해야 개개인이 가지고 있는 능력을 직장에서 최대한 발휘하게 할 수 있는 것일까?

그 방법 중에 가장 효과적인 것이 칭찬이다.

적당한 기회에 진심에서 우러나오는 칭찬이나 감사를 표하는 것만큼 개개인의 능력을 극대화할 수 있는 방법은 없다.

인간의 능력은 비난이나 질책 속에서 시들기 쉽지만, 칭찬이나 격려 속에서 꽃을 피우게 된다.

작은 것이라도 잘하면 칭찬해주고 잘 한 일에 대해서는 칭찬을 아끼지 말아야 한다.

기업에는 보이지 않는 에너지가 존재한다. 그것은 사원들의 근로의욕이다.

기업에서 경영자나 CEO는 직원들에게 미움의 대상이 되어서는 안 된다. 경영자는 직원들의 기를 한껏 살려주고 그것이 일하는 원동력이 되도록 하는 기 테크 경영을 하여야 한다.

직장에서는 작은 일이든, 큰일이든 자신이 한 일의 결과가 반드시 하나의 성과로 나타나기 때문에 우리는 일을 통해서 성취감을 느끼고 큰 보람도 느끼게 된다.

경영자는 직원들에게 채찍으로 겁을 주기보다는 강물처럼 부드러운 칭찬 한마디로 직원들이 성취감을 느낄 수 있게 해 주고, 그들의 기를 살려주어야 한다.

긍정적인 관계를 위한 첫걸음이다

★
★
★

같은 이야기를 해도 유독 편안함을 느끼게 되는 사람들이 있다. 사람들은 자신에게 편안함을 주는 사람과 대화하기를 좋아한다. 그렇다면 상대방에게 편안함을 느끼게 하는 사람들은 무엇이 다른 것일까?

그들에게 특별한 재능이 있는 것은 아니고 그들은 상대방에게 편안함을 주려고 노력한다. 이런 노력은 상대방을 진심으로 위하는 마음에서 비롯된 것이다. 말재주가 아닌 진실한 마음, 상대를 믿는다는 신념 등이 상대를 끌어당기는 것이다.

만약 당신이 말을 하는데 상대방이 자신의 말을 이해하지 못하는 상황이라고 하자. 당신은 이렇게 말할 것이다. "내 말을 아직 이해 못하는군요." 또는 "내가 말을 잘 못해서 이해하지 못하는군요." 이 두 가지 중에서 상대는 어느 쪽을 편안하게 들을까? 물론 후자이다.

만일 상대가 비록 정말 이해 능력이 부족해서 당신의 말을 제대로 알아듣지 못했다고 할지라도 그것을 노골적으로 드러내는 것은 좋은 방법이 아니다. 상대방이 실수를 했을 때 그것을 지적하면 상대방은 편안함 대신에 '또 실수하는 것은 아닐까?'라고 생각하며 자신의 실수에 대해 중압감을 느끼게 된다. 상대방이 잠깐 이해하지 못했다고 해서 비난하는 것은 득보다는 실이 더 많은 것이다. 이것을 의도적으로 표현했는지 아닌지와 상관없이 당신에게는 마이너스가 되는 것이다.

상대방을 치켜세우면 당신이 보잘것없는 사람이 되는 것이라고 생각할 수도 있지만 사실은 그게 아니다. 거꾸로 당신이 상대보다 우월하다는 것을 느끼려면 상대는 열등감을 느껴야만 된다는 것을 의미한다. 그렇다면 상대방은 당신과 함께 하고 싶지 않을 것이다.

반면에 당신은 사람을 편안하게 만들고, 자부심을 세워주며, 존중하는 마음을 가득 담아 말하는 사람이라고 상대방이 느낄 때, 상대는 실수에 대한 중압감, 열등감 대신에 친밀감을 느끼게 될 것이며 상대와의 인간관계는 새로운 국면에 들어가게 될 것이다. 상대방이 당신에게 느낀 친밀감은 긍정적인 인간관계를 위한 첫걸음이 될 것이다.

상대방이 비록 실수를 했을지라도 상대방을 편안하게 하고 더 나아가서 칭찬을 아끼지 않는다면 인간관계에서 성공하는 사람이 될 것이다.

8

자신이 중요한 존재임을
깨닫게 한다

★
★
★

사람은 누구나 자신이 중요한 존재이기를 바란다.

그리고 상대방이 중요한 존재임을 깨닫게 하는 것이 바로 칭찬이다. 칭찬이 상대방과 당신 사이의 인간관계를 풀어주는 마법이 될 것이다.

다음에 소개하는 것은 상대방이 중요한 존재임을 강조하는 칭찬의 말들이다.

☑ 당신은 확실히 훌륭한 소질을 가진 사람입니다.
☑ 당신은 가장 잘 즐길 줄 아는 사람입니다.
☑ 당신은 가장 빨리 상황을 파악하는 사람입니다.

☑ 당신은 기회를 재빠르게 잡는 능력을 가진 사람입니다.

☑ 내가 당신에게서 주목한 점은 뛰어난 통찰력이 있다는 것입니다.

☑ 내가 당신에게서 주목한 점은 당신과 함께 있을 때 편안하다는 것입니다.

☑ 내가 당신에게서 주목한 점은 다른 사람들이 당신을 가족처럼 신뢰한다는 것입니다.

☑ 당신에게 놀라운 것은 상대방이 하는 이야기의 진의를 빠르게 파악한다는 것입니다.

"

누구나 자신을 특별한 존재로 생각해주는 사람을 좋아한다. 당신이 상대방을 얼마나 특별하게 생각하는지를 상대방이 알게 된다면 상대방은 당신에게 친밀감을 느끼기 시작할 것이다.

part 04

칭찬의
방법

–
the
great
power
of
praise
–

1

먼저
상대방을 파악해야 한다

★
★
★

사람은 천차만별 각자가 모두 다르다.

개인은 그 사람만의 본능, 욕구, 감정, 의지, 사고유형 등등 수많은 요소들에 의해 형성된 존재이다.

그 수많은 요소들이 개개인 안에 잠재되어 있다가, 그 중 어떤 특정요소들만이 표면화되어 겉으로 드러나는 것이다.

가장 바람직한 것은 그 사람의 내재된 심리까지 파악하여 칭찬하는 것이겠지만 우리가 보편적으로 하는 칭찬은 그 사람의 전체를 보고 하는 것이 아니라 그 중 표면화된 몇몇 모습과 행동들을 보고 하게 된다.

이런 표면화된 모습과 행동들은 계속 변한다. 그래서 다른 사람이 단순히 지켜보기만 해도 변한다. 또 일을 혼자 할 때와 팀을 이루어 할 때에도 달라진다.

칭찬을 잘 하기 위해서는 상대방의 표면화된 모습과 행동들의 패턴을 세밀히 관찰할 필요가 있다. 관찰한 것이 많으면 많을수록 칭찬거리도 많아진다.

그래서 이러한 관찰력과 관심을 가지고 뭔가 상대방의 장점을 파악해 내려고 하는 자세가 결국은 좋은 칭찬, 나아가 좋은 인간관계를 만든다.

유능한 세일즈맨일수록 상대방의 행동과 심리상태를 살피는 데 남다른 안목을 가지고 있다.

그들은 상대방의 마음이 편치 않을 때는 결코 자기주장이나 설득을 하려 하지 않는다. 또 상대방이 바쁠 때는 말없이 자리를 피해준다. 상대방을 고려하지 않고 물건 파는 일에만 급급해하는 어리석음을 범하지 않는다.

2

칭찬거리를
만들어라

★
★
★

상대방의 모습이나 행동 중에서 자신이 본 대로 느낀 대로, 좋은 것을 좋다고 말하는 것이 칭찬이다. 그러나 이것만으로는 부족하다. 상대방도 모르고 있던 사실, 남들이 아직까지 말해주지 않았던 좋은 점을 말해줘야 한다. 그래야 최고의 칭찬으로써 효과가 있는 것이다.

칭찬거리가 없다고요?

상대방에게 칭찬의 소재가 없는 것이 아니라, 나에게 칭찬거리를 찾을 마음의 여유가 없는 것이다. 누구든지 칭찬의 '거리'를 가지고 있게 마련이다. 아직 발견하지 못했을 뿐이다. 그것을 찾아내야 한다.

칭찬의 눈으로 세상을 바라보면 주위의 모든 것이 칭찬의 대상으로 변한다.

어떤 면에서 사람들은 누구나 무엇인가를 남에게 보이고 싶어 한다.

그리고 그 보이고 싶다는 마음은 자랑하고 싶다는 생각과도 같다. 이 자랑하고 싶은 마음이 여러 가지 행동으로 나타나게 된다.

별로 못 느끼고 하루하루 살아가고 있을지라도, 칭찬해야 할 자랑거리는 우리들 주변에 상당히 많이 깔려 있다는 것이다.

어떤 사람이 지하철에서 낯선 사람과 대화를 나누었다.

"실례합니다만, 최근 이렇게 훌륭하게 바느질이 된 신사복은 좀처럼 보기 어렵습니다. 옷감도 최신이군요. 저는 오랫동안 백화점에서 신사복을 다루어 왔기 때문에 잘 알 수 있습니다."

이 칭찬을 받은 사람은 어찌나 기뻤는지, 얼마 동안 회사에서 만나는 사람들에게 전부 이 이야기를 하곤 했다.

"좋은 신사복은 전문가가 보면 바로 알 수 있는 모양이야. 이게 S백화점에서 산 최고의 신사복이거든."

이처럼 별것 아닌 일이지만, 다른 사람의 작은 관심이 생각 이상의 큰 기쁨이 된다.

3

주변 상황을
고려해야 한다

★
★
★

적절한 때에 칭찬을 할 수 있으려면 우선 상대방의 상황을
파악하고 있어야 한다.

상대방의 입장을 알 수 있다는 것은 곧 제대로 된 칭찬으로
연결될 수 있다.

그러기 위해서는 우선 내가 변해야 한다.

고정관념을 버리고 제대로 살필 수 있는 안목을 길러야 한다.

무엇보다 서로의 입장을 바꾸어 생각해 봐야 한다는 것이다.

☑ 상대방은 지금 어떤 기분일까?
☑ 상대방은 어떤 상황에 처해 있는 것일까?

그리고 또 하나 중요한 점은 자신이 먼저 긍정적인 생각을 가져야 한다는 것이다.

사람은 누구나 기대를 받고 있다는 느낌만으로도 달라질 수 있다.

관심과 애정이 담긴 칭찬으로 기대를 받아서 '할 수 있다', '가능하다'는 자부심을 갖게 되면 더 많은 노력을 할 수밖에 없다.

그래서 자녀가 숙제를 잘 했을 때에는 "정말 멋지게 해냈구나!"라고 긍정적인 이미지를 갖게 해 주어야 한다.

반면에 "뭐야! 아직도 못했어? 그 정도밖에 안 돼?"라고 면박을 주는 말투는 자녀의 의욕을 꺾어 놓고 만다.

학교에서 학생에게 칭찬할 때, 상황에 맞는 칭찬의 시기를 생각해 보면,

> ☑ 학생에게 어떤 자극이 필요하다고 느꼈을 때
> ☑ 학생이 어떤 주제에 대해 발표를 한 뒤에
>   그에 대한 평가를 할 때
> ☑ 학생이 좋은 결과를 냈다고 생각되어질 때
>
> 등이다.

상대방의 주변 상황이나 기분 등을 고려한 칭찬은 듣는 이로 하여금 자부심과 의욕을 갖게 한다.

표현 방법이
좋아야 한다

★
★
★

칭찬을 어떻게 표현하여 전달할 것인가.

칭찬도 일종의 선물이다.

선물은 기분 좋게 주고받아야 한다.

즉 칭찬의 표현 방법이 좋아야 한다는 것이다.

일단 상대방이 칭찬받는 이유를 정확히 알 수 있도록 칭찬은 구체적으로 해야 한다.

구체적으로 칭찬하는 것은 상대방이 어떤 것을, 왜 칭찬받는지 납득하기 쉽게 만든다.

그것과 동시에 '그런 것까지 살피고 있었구나!' 하는 생각도 갖게 만들어 준다.

예를 들면, 직장에서는 이렇게 표현해야 한다.

"○○씨는 말하는 센스가 참 좋군요!"

"이 보고서는 내용이 아주 간결해서 알기 쉽게 되어 있습니다."

"이 사례는 정말 실감나서 피부에 와 닿는 것 같습니다."

말의 맛은 어투와 뉘앙스다.

칭찬의 표현은 구체적 사실에 바탕을 두고 상황에 따라 말의 어투와 뉘앙스를 다르게 해야 한다.

5

반응을
살펴본다

★
★
★

사람은 어떤 자극을 받으면 일정한 말이나 행동으로써 반응을 나타낸다.

칭찬을 전달하고 나서 상대방의 기분과 반응을 정확하게 살펴본다는 것은 자신은 물론 상대방에게 아주 중요한 일이다. 그것은 칭찬을 효과적으로 전개하는 데 필요한 성공의 비결이기 때문이다.

어떤 사람이 같은 처지에 놓여 있을 때 같은 칭찬을 들었다고 해서 모두 똑같은 기분과 반응을 나타낼 것이라고 기대해서는 안 된다. 그래서 상대방을 살펴봐야 한다.

그러나 사람의 마음을 직접적으로 알 수는 없다.

단지 그 사람의 표정이나 행동 혹은 말을 통해서 추측할 수는 있다. 마음은 눈에 보이지 않는다.

사람의 마음은 상대방이 무의식중에 뱉은 말이나 사소한 동작 또는 태도, 표정 등을 통해서 짐작할 수가 있다.

예를 들어보면,

01 상대방의 말에서 기분과 반응을 읽을 수 있다

말을 통해서 그 사람의 의지나 기분을 알 수 있다.

이는 말을 있는 그대로 받아들이는 것 외에도, 왜 그와 같은 말을 했을까를 분석함으로써 그 사람의 기분과 반응을 예측할 수 있다.

02 상대방의 표정에서 기분과 반응을 읽을 수 있다

기분의 변화는 얼굴로 나타나기 때문에 상대방이 어떠한 감정 상태에 있는지 그 사람의 표정을 보고 판단할 수 있다.

03 상대방의 행동에서 마음을 읽을 수 있다

사람의 행동은 본인을 둘러싼 주변의 여러 가지 자극에 의한 마음의 변화에 따라 표출되는 경우가 많다. 그래서 그 사람의 행동을 통해서 마음을 읽을 수 있다.

04 | 상대방의 눈동자로 기분과 반응을 읽을 수 있다

눈동자의 크기로도 상대방의 감정을 읽을 수 있는데 칭찬을 받고서 기쁘지 않다고 말하지만 눈동자가 커져 있다면 기뻐하는 것이 틀림없다.

05 | 상대방의 자세로 기분과 반응을 읽을 수 있다

사람의 감정은 얼굴만이 아니라 신체의 전체에도 나타난다. 그래서 상대방의 감정을 읽으려면 얼굴 표정의 변화와 함께 자세에도 주목하는 것이 좋다.

이것을 미국의 심리학자 메브러비언은 '신체 언어'라고 표현했다.

호감을 나타낼 때의 신체 언어는 자세가 굳어 있지 않고 앞으로 조금 숙인 상태에서 상대를 똑바로 쳐다보면서 자연스럽게 대화를 나누는 것이다.

06 | 상대방의 모든 것에서 마음과 반응을 읽을 수 있다

사람이 마음을 표현하는 수단은 비단 언어나 표정, 태도. 행동만이 아니다.

이 모든 것들을 종합해서 관찰해야만 사람의 기분과 반응을 정확하게 읽을 수 있다.

공무원 몇 명이 농민 연수원을 방문했을 때의 일이다.

약속 시간보다 늦게 도착해서인지 연수원 안내자의 얼굴은 표정 하나 없이 무뚝뚝했다.

연수원 시설을 둘러보는 도중에 안내자는 자기 연구실을 공개해 주었다. 그런데 한 분이 "연구실이 잘 정리정돈되어 있으며, 그리고 이 고성과 연구실이 멋진 조화를 이루고 있다."는 칭찬을 하였다.

그러자 안내자는 곧바로 호감을 나타냈다.

그리고 자기의 연구실에서 사진촬영을 하자고 제의하였다.

모두 웃는 얼굴로 사진촬영을 하고 그 연수원에서 계획에 없던 점심식사까지 제공받을 수 있었다.

칭찬에 대한 반응을 탐색하는 것은 상대방에게 맞는 칭찬을 만들고, 유지하는 데 그 목적이 있다.

part 05

칭찬의
효과를 높이는 방법

the
great
power
of
praise

1

칭찬할 때는
큰 소리로 구체적으로 하라

★
★
★

당신이 상사일 때 부하 직원이 새로 들어오면 반드시 알아야 하는 한 가지가 있다. 그것은 그 사람이 어떤 장점을 가지고 있는지 아는 것이다.

장점을 알기 위해서는 우선 상대를 주의 깊게 관찰해야 한다. 그리고 장점을 발견하게 되면 반드시 그것을 칭찬해 주어야 한다. 어떤 칭찬이든 상관없다. "글씨를 잘 쓰는군. 어디서 배웠지?"라는 식으로 하면 된다.

단, 유의할 점은 반드시 큰 소리를 내어 구체적으로 칭찬해야 한다는 점이다. 부하 직원이 상사를 처음 대하게 되면 긴장한다. 이럴 때 칭찬을 해주면 그 한마디만으로도 마음을 놓게 된다. 이것은 대수롭지 않아 보이지만 시간이 지날수록 그 효과에 의한 차이가 엄청나다.

인간관계는 항상 처음이 중요하다. 사람에게는 누구나 장점과 단점이 있다. 장점만 있는 사람도, 단점만 있는 사람도 없다.

부하 직원뿐만이 아니라 어떤 사람을 처음 대할 때, 그 사람의 장점을 빨리 찾아내는 것이 중요하다. 그런 상사가 있는 부서는 항상 밝고 활기차다. 반면 상대의 단점만을 찾아내는 상사가 있다면 그 부서는 어둡고 활력이 없다.

자신의 의도와는 달리 처음 대하는 부하 직원에게서 단점이 먼저 눈에 띌 경우가 있을 것이다. 그럴 때는 일단 그것을 무시하고 그 사람의 장점을 발견하려는 노력을 의식적으로 해야 한다.

이것을 단지 상대의 기분만 맞춰주는 것으로 이해해서는 안 된다. 상대의 장점을 발견하는 것은 세상을 긍정적으로 보는 시각을 당신에게 일깨워주기 때문이다. 이러한 것이 습관이 되면 긍정적인 시각으로 당신의 생활까지 바뀌게 된다.

"이런 좋은 사람이 우리 부서에 와서 다행이다." 라는 생각을 갖도록 의도적으로 노력하는 사이 당신의 생각은 긍정적으로 바뀌고 직장 분위기는 활기를 띄게 된다.

반면 "전부 쓸모없는 놈들만 모였군."이라고 생각하면 당신의 정신 건강이나 직장 생활에 전혀 도움이 되지 않는다.

부하 직원의 좋은 점을 알고 있으면서도 절대로 그것을 칭찬하지 않는 사람도 있다. 칭찬하지 않아도 알고 있겠거니 생각하거나, 막상 입에 담아 칭찬하자니 왠지 거북해서일 수도 있다.

당신이 아무리 좋은 생각을 하고 있다 하더라도 그것을 표현하지 않으면 상대는 결코 알아차리지 못한다. 소리를 내어 겉으로 표현해야 한다. 칭찬할 때는 이것저것 생각할 필요가 없다. 다소 거북스럽게 느껴지더라도 넉살 좋게 칭찬하면 된다.

부하 직원은 상사의 칭찬 한마디에 보람을 느낀다. '잘했다'는 상사의 말 한마디로 이제까지의 모든 피로와 괴로움이 봄눈 녹듯이 사라져 버리는 것이다.

칭찬과 주의를
균형 있게 하라

★
★
★

부하 직원에게 칭찬 못지않게 중요한 것이 있다. 그것은 주의를 주는 것이다. 부하 직원이 잘못했을 때 주의를 주거나 꾸짖는 것은 상사로서 당연한 일이다.

그런데 이 당연한 일을 하지 않는 상사가 있다. 그러면 부하 직원은 "이것으로 충분하구나."라고 생각하면서 자신의 행동에 주의를 기울이지 않는다. 이렇게 되면 전체 질서를 어지럽히는 것은 물론이거니와 양심적인 다른 부하 직원들이 피해를 보게 된다. 이런 상황을 만든 상사마저도 불신하게 되는 것은 당연하다.

그러면 부하 직원의 잘못에 왜 단호하게 주의를 주지 못하는 걸까? 그것은 자신이 부하 직원에게 상사로서 제대로 인정을 받지 못했다는 생각과 신뢰를 받지 못했다는 생각이 잠재의식에 깔려 있기 때문이다. 이런 잠재의식을 지닌 사람은 부하 직원에게 주의를 주다가 오해나 반감을 사게 될까봐 두려워한다.

부하 직원이 자신을 충분히 신뢰하지 못한다고 느끼는 이유는, 부하 직원이 자신에게 긴장을 풀지 않고 거리를 두고 있기 때문이다. 따라서 부하 직원에게 칭찬할 것은 분명하게 칭찬하고 장점을 인정해 주어야 한다.

칭찬은 상대의 긴장을 풀어주고 서먹서먹한 관계를 한층 부드럽게 만들어준다. 상대와의 관계가 표면적이고 서먹서먹하게만 느껴진다면 사적인 이야기도 함께 나누며 좀더 친숙한 관계를 만들어야 한다.

하지만 이미 자신의 잘못을 깨닫고 심리적으로 위축되어 있는 사람에게 주의를 주고 실수를 질책하면 역효과를 가져온다. 그런 사람에게는 오히려 위로와 격려가 필요하다.

반면 일을 잘했다고 칭찬할 때 전부 자기가 해낸 것처럼 자만하는 사람에게는 주의를 주어야 한다. 칭찬할 일은 분명하게 칭찬하고, 주의를 줄 일은 분명하게 주의를 주는 것이야말로 기강을 올바르게 확립하는 길이다.

칭찬받을 만한 일을 했는데도 상사로부터 아무런 반응이 없다면 부하 직원은 열심히 일을 하지 않는다. 상사가 그때그때 반응을 확실하게 보여주면 직장 분위기는 활기를 띠게 된다.

칭찬과 주의를 균형 있게 하는 것이 중요하다. 너무 자주 주의를 주면 소극적이 되고, 그렇다고 칭찬만 너무 자주 하면 버릇이 없어지고 칭찬을 대수롭지 않게 받아들이게 된다. 때로는 칭찬으로 치켜세워서 부려먹으려는 것이 아닌가 하는 오해마저 살 수도 있다. 칭찬과 주의는 보통 6 대 4의 비율로 칭찬이 약간 많은 편이 적당하다.

3

업적을
칭찬하라

★
 ★
★

    모 패밀리 레스토랑의 전국 체인점 중에서 항상 매출 1위를
고수하고 있는 체인점을 방문한 적이 있다. 전국의 수많은 체
인점 중에서 1위 매출을, 그것도 반짝하는 단타가 아니라 꾸준
히 장타를 치고 있다는 것은 그 체인점만의 특별한 영업 방식
이 없고서는 불가능한 일이다. 그래서 그 비결을 찾기 위한 의
도적인 방문이었다. 그러나 매장 안의 사무실에 들어선 순간
꼭꼭 숨겨 놓았으리라 생각했던 그 비결이 쉽게 눈에 띄었다.

    사무실 벽에 걸린 커다란 게시판 하나가 그 비결의 처음이
자 끝이었던 것이다. 게시판에는 매장 담당자부터 아르바이트
학생까지 전 직원의 이름표가 붙어 있었고, 각 이름마다 노란
스티커들이 붙어 있었다.

"이 노란 스티커는 무엇인가요?"

내 물음에 매장 담당자가 친절하게 말해주었다.

"직원들끼리 서로 칭찬하고 자신이 칭찬을 했을 때마다 붙이는 스티커입니다. 서로 얼마나 상대방을 배려하고 격려하는지 알아보기 위한 스티커입니다."

"그렇군요. 그런데 잘 되고는 있습니까?"

"사실 저도 처음에는 뭘 칭찬해야 되는지 몰라서 고민이 많았습니다. 수많은 시행착오 끝에 이제는 칭찬하는 테크닉이 많이 좋아졌죠."

나는 칭찬 테크닉이라는 담당자의 말에 귀가 솔깃해졌다.

"구체적으로 그 칭찬 테크닉은 어떤 것입니까?"

"칭찬을 해보자고 했더니 처음에는 대부분 '키가 커서 멋있다.', '피부가 곱다.', '잘 생겼다.' 뭐 대충 이런 식이더군요. 그런데 왠지 이런 방식은 올바른 칭찬이 아니라는 생각이 들었습니다. 이런 식의 칭찬은 한 번 칭찬하고 나면 마땅히 다른 칭찬거리를 찾을 수가 없더군요. 그래서 다음에는 그 사람이 타고난 것 말고 노력해서 얻은 것을 구체적으로 칭찬해보기로 했습니다."

"노력해서 얻은 것이라면 어떤 것이 있죠?"

"그러니까 '이번에 운전면허 단번에 붙었다며? 와, 대단한데!' 혹은 '오늘 머리 스타일이 아주 좋은데. 자넨 감각이 뛰어난 것 같아!', '오늘은 서빙이 무척 좋던데! 손님들이 무척 편안해하는 것 같더라!'라고 말하는 식이죠. 그러다 보니 칭찬할 것도 많아지고 더불어 칭찬하는 사람이나 칭찬받는 사람이나 기분이 더 좋더라고요.

그리고 여기에서 그치지 않고 더 고민을 했죠. 아무런 성과가 없는 날은 칭찬할 게 없지 않습니까? 그리고 실수가 많은 날도 있을 수 있으니까요. 그래서 이번에는 드러난 업적을 칭찬하기보다 그 업적을 이루기 위한 구체적인 과정을 칭찬해 보았습니다."

"구체적인 과정을 말입니까?"

"서빙하고 계산하느라 바쁠 텐데 틈틈이 그 고객이 좋아하는 것들을 확인해서 맞춤 서비스까지 하는 직원을 칭찬한다든지, 서빙 중에 착오로 주문한 음식이 바뀌었을 때 직원에게 주의만 주지 않고, 실수는 했지만 언짢아하는 손님에게 침착하게 대응한 점을 칭찬하는 식으로 말입니다."

매장 담당자의 말을 듣는 순간, 이 체인점이 매출 1위를 달리는 비결을 확연히 깨달을 수 있었다. 그 비결은 바로 '칭찬 경영'이었다. 즐거운 매장에서 즐겁게 일하는 것만큼 생산성을 높일 수 있는 방법은 없다는 평범한 진리가 현장에서 그 진가를 발휘하고 있었던 것이다.

이 체인점의 '칭찬 경영'을 정리하면 다음과 같다.

> 1. 타고난 것보다 업적을 칭찬하라.

노력해서 얻어지는 것을 칭찬해야 주위에서 공감하고, 칭찬하는 사람도 위신이 서며, 칭찬받는 사람도 마음이 편하다.

> 2. 업적을 칭찬하는 것과 함께 그 과정도 칭찬하라.

과정을 개선하려는 동기부여가 되고, 작은 일로도 칭찬이 가능하다. 또한 결과에 관계없이 칭찬할 수 있게 된다.

4

그 사람이 없는 자리에서
험담하지 말고 칭찬을 하라

★
★
★

어떤 사람이 나에 대해서 아낌없이 칭찬을 하고 다닌다는 소식에 마음이 훈훈해지는 경험을 해 보았는가? 어떤 사람이 내가 없는 자리에서도 나를 칭찬한다는 것처럼 반가운 소식이 또 있을까? 그러나 자리에 그 사람이 보이지 않으면 칭찬보다는 험담하는 데 열을 올리는 게 또한 우리들이다. 얼굴을 맞대고 차마 할 수 없던 험담들을 늘어놓으며 맘껏 스트레스를 푸는 것이다.

"에이, 없는 자리에서는 임금님 욕도 할 수 있는 거지. 뭘 그런 것 같고 트집이야?"

이렇게 반문하는 분들도 있겠지만, 결코 아니다. 그 어떤 순간에도 남의 험담을 하지 마라. 정 험담하려면 차라리 그 사람

앞에서 떳떳이 하라. 자리에 없다고 듣지 못할 거라는 생각은 어리석다. 알다시피 우리처럼 인맥관계가 얽히고설킨 곳이 또 있을까? 다리만 건너면 웬만한 사람들은 다 알 수 있는 것이다. 내가 하는 험담은 어떤 식으로든 그의 귀에까지 흘러들어가기 마련이다.

"입에서 좋은 말을 토해내면 좋은 일이 내게 돌아온다.
입에서 나쁜 말을 토해내면 나쁜 일이 내게 돌아온다."

여백의 칭찬을 하라

★
★
★

요즘은 많이 달라졌다고 하지만, 아직까지도 강하고 자극적인 것보다는 은근한 것을 품위 있게 여기는 경향이 강한 것이 사실이다. 비어 있음으로써 아름다운 여백의 미처럼 칭찬 또한 여백의 미를 품을 때, 보다 품위가 높아진다.

"사랑은 말로 하는 게 아니야."

"진정한 친구 사이에는 말이 필요 없다."

우리가 흔히 쓰는 말들에 정답이 있다. 진정한 칭찬에도 말이 필요 없다. 백 마디의 좋은 말보다 믿음과 신뢰의 눈빛 한 번을 보내는 게 좋을 때가 있다. 중국 남북조시대에 유의경이 쓴 〈세설신어新說〉의 한 대목은 이런 점을 잘 말해준다.

'왕미지'는 '환이'라는 사람이 피리를 잘 분다는 소리를 들었을 뿐, 만나본 적이 없었다. 길을 가던 왕미지는 우연히 환이가 타고 가는 수레를 만나자 아랫사람을 보내어 피리로 한 곡을 불어달라고 청했다. 환이 역시 벼슬이 꽤 높았음에도 불구하고 왕미지의 명성을 들어서 잘 아는지라 이와 같은 청에 피리로 내리 세 곡을 연주해 주었다. 그리고는 자리를 떠났다. 과객 사이에 한마디 말도 오고 간 것이 없었다.

학문과 품성으로 만인의 존경을 받았던 왕미지와 환이는 평소 서로를 존경하던 중에 우연히 만나게 된다. 지금이라면 "어이쿠, 평소에 말씀 많이 들었습니다. 만나 뵙게 되어 영광입니다." 이런 식으로 서로 칭찬의 말을 아끼지 않았겠으나 그들은 아무런 말도 없이 헤어졌다. 왜 그랬을까? 혹 기분이 나빠서? 기분이 나쁜데 한 곡만 부탁했음에도 세 곡이나 연주했겠는가. 그들에게는 굳이 말이 필요 없었던 것이다. 그들은 이미 행동으로 충분히 칭찬을 했던 것이다. 이렇듯 진정한 칭찬은 말이 필요 없는 칭찬일 수 있다.

당신이 칭찬하는 것에 어느 정도 익숙해졌다면, 이제 겉으로 드러나는 칭찬의 표현들을 차츰 줄여나가도록 노력하라. 말로 인한 감동보다 글로 인한 감동이 더 크고, 글로 인한 감동보다 행동으로 인한 감동이 더 크다는 격언처럼 칭찬을 말

을 넘어서 행동으로 하라는 것이다. 행동으로 칭찬하는 당신
에게 모든 사람들이 열광할 테니.

6

칭찬을
은근슬쩍 한다

★
★
★

직장생활이나 사회생활을 하다 보면 그래도 아첨을 해야 할 때가 생기기 마련이다. 이럴 때 아첨을 노골적으로 하지 말고 은근슬쩍 해야 한다. 어떤 모임에 갔을 때 내 오른쪽에 앉아 있던 신사분이 내게 미소를 지으며 말했다.

"어려 보이는데, 혹시 어느 회사에 다니는지요?

"감사합니다. 저는 회사를 그만둔 지 오래되었습니다."

필자는 어려 보인다는 소리에 기분이 좋아서 정말 공중에 뜬 기분이었다. 나는 속으로 미소를 지으며 화장실에 가서 거울에 비친 내 모습을 바라보았다.

그 신사가 어떤 목적이었는지 모르겠으나 내게 우연을 가장한 아첨이라는 전략을 은근히 구사한 것이다. 하지만 그것은 중요치 않다. 나에게는 아직도 그 신사가 따뜻한 기억으로 남아 있기 때문이다. 우연을 가장한 칭찬은 중요한 것을 말하면서 슬쩍 흘려놓는 것이다.

한번 시도해 보라. 그러면 시도하는 당신에게도 좋고, 그것을 받는 상대도 좋아할 것이다.

우연을 가장한 칭찬을 받은 사람의 얼굴에 비친 미소가 이를 증명해 줄 것이다.

동료에게 "저 손님과의 계약은 자네가 하면 금방 할 것 같은데 어쩌다가 나를 찾아왔는지 몰라."라고 말해 보라. 그러면 그의 태도가 달라질 것이다.

은근슬쩍 흘리는 칭찬이 그것을 받는 사람을 대단히 기분 좋게 만들어, 당신이 꼭 강조하고 싶었던 내용을 제대로 듣지 않을 수도 있을 것이다.

그래도 은근슬쩍 흘리는 아첨은 좋은 칭찬과 거의 맞먹는 효과를 가져 올 수 있다.

상대방이
얼마나 중요한 존재인가를 강조한다

★
★
★

사람은 누구나 자신이 중요한 존재이기를 바란다. 그래서 이러한 심리를 대화를 효과적으로 하는 데 활용할 수도 있다.

아무리 당신이 열심히 말을 해도 상대방이 집중하지 못하는 경우가 있다. 당신의 말이 상대방에게 정확히 전달되는 것을 방해하는 여러 가지 요인이 있을 수 있고, 이야기가 관심거리가 아니어서 그럴 수도 있다. 그럴 때 다음과 같은 말을 건네면 상황이 완전히 바뀔 수 있다.

"당신은 일을 하는 데 있어서 빈틈이 없는 분이라 제가 말씀드리는 내용을 잘 이해하시리라 생각합니다."

그러면 상대는 자신이 철저함과 이해력이 있다는 칭찬을 들었다고 생각하기 때문에 당신이 하는 말에 더욱 집중하게 될 것이다.

상대방이 중요한 존재임을 강조하라. '중요한 존재'가 된 상대는 당신의 말에 귀를 기울일 것이다. 또한 이런 칭찬의 말이 당신과 상대방 사이의 어색한 관계를 풀어주는 마법의 언어가 될 것이다.

누구나 자신을 특별하게 생각해 주는 사람을 좋아하기 마련이다. 상대방을 얼마나 특별하게 생각하는지 당신이 말해준다면 그는 당신에게 친밀감을 느끼기 시작할 것이다.

사소한 장점이라도
칭찬한다

★
★
★

　칭찬을 잘하려면 또 어떤 비결이 있을까? 칭찬이란 간단히 말해서 상대방의 장점을 말하는 것이다. 그리고 그 장점으로 인해 상대방이 미래에 어떻게 잘 될 것 같다는 자신의 느낌을 솔직하게 말하는 것이다.

　둔재 아인슈타인이 어머니의 격려와 칭찬으로 말미암아 천재적인 과학자가 되었듯이 칭찬은 바보도 천재로 만드는 힘을 가지고 있다. 칭찬은 더 잘하려는 의욕과 용기를 샘솟게 한다. 사소하거나 조금 잘한 일에 대해서도 굉장히 감동받은 듯이 칭찬해주면 상대방은 더 잘하려고 노력하게 되는 것이다. 이 것은 능력의 우열과 상관없이 인간이라면 자연스러운 일이다.

　이러한 원리는 강아지에게도 적용된다. 미리 정한 용변 장소에 강아지가 용변을 했을 때 먹이와 함께 칭찬을 해 준다. 그러면 강아지는 다시 칭찬을 듣기 위해서 그 용변 장소를 기억하게 되는 것이다. 이처럼 동물에게도 칭찬은 위력을 발휘한다.

한 자동차 부품 제조회사의 영업부장 G는 매우 까다롭고 어려운 사람으로 통했다. 그래서 영업부 직원들은 작은 실수도 하지 않으려고 노력했다.

퇴근 시간 무렵 G 부장이 S 대리에게 언성을 높였다.

"S 대리, 이번 주까지 국내 판매 실적 보고하라고 했는데 어떻게 됐나?"

G 부장의 한마디에 모든 직원들이 움츠려들었다.

"네, 부장님. 내일 제출하려고…… 지금 열심히 작성하고 있습니다."

"내일 오전에 회의 들어가서 보고해야 되는데 내일 언제 된다는 거야?"

"내일 출근하시면 보실 수 있을 겁니다."

S 대리는 잔뜩 주눅 든 목소리로 말했다.

다음 날 아침 출근했을 때 G 부장의 책상 위에는 정말로 판매 실적 보고서가 놓여 있었다. G 부장은 S 대리에게 수고했다는 말 한마디 없이 보고서를 들고는 회의실로 사라졌다.

한참 후 G 부장이 돌아오자 직원들은 긴장하기 시작했다.

그때 G 부장이 보고서를 작성한 S 대리에게 다가가 뜻밖의 말을 건넸다.

"S 대리, 정말 수고했어! 어떻게 이렇게 보고서를 꼼꼼하고 체계적으로 작성했나! 아주 훌륭해. 자네 덕분에 나도 사장님께 칭찬 들었네. 앞으로도 잘해보세. 보고서는 이렇게 만드는 거라고. 하하! 다들 S 대리가 작성한 보고서 한번 보세요."

S 대리는 평소 어렵게만 느껴졌던 사람에게서 이렇게 칭찬의 말을 듣자 그동안 G 부장에 대해 가졌던 선입견이 순식간에 사라지는 것 같았다. 동시에 일에 대한 의욕과 자신감이 생기는 것은 물론 앞으로도 더욱 분발해야겠다고 결심했다.

칭찬은 칭찬을 낳는다. 사소해 보일 수 있는 보고서에 사장이 G 부장에게 뜻밖에도 칭찬을 해주었다. 부장은 사장에게서 칭찬을 듣자 기분이 좋아졌고 그 역시 부하 직원에 대해 너그러워진 것이다. 그 너그러움이 다시 부하 직원을 칭찬하게 만들었고 모두 즐겁게 일할 수 있게 한 것이다.

이처럼 중요 업무가 아닌 사소한 일이라도, 혹은 다른 이들은 무심코 지나치는 당연한 행동에 대해서도 칭찬을 해주면 큰 감동을 받는 것은 물론 그것을 칭찬해 준 사람에 대해서 깊은 인상을 받게 된다.

직장인이라면 하루에 적어도 한 번씩은 가게 되는 식당에서 식사하고 나오면서 던지는 "잘 먹었습니다.", "음식 맛 좋은데요."라는 한마디도 식당 종업원들에게는 큰 의미가 될 수 있다. 열심히 맛난 음식을 만들어서 선보였는데 아무도 그런 말을 해주지 않는다면 얼마나 맥 빠지고 재미없겠는가?

이처럼 칭찬은 듣는 이에게 삶의 활력을 불어넣어 줄 뿐만 아니라 칭찬하는 사람 자신에게도 행복감을 준다.

30대의 D 씨는 대기업 경리과 직원이다. 그는 고등학교를 졸업하고 입사했으나 야간대학 회계학과에 입학하여 학업을 계속했다. 그러다 보니 늦게까지 남아서 마무리해야 할 일이 있어도 그냥 남겨둔 채 학교로 달려가는 일도 있었다.

어느 날 점심시간에 식사를 마친 후 D 씨는 부서원들에게 작은 선물을 돌리며 말했다.

"제가 퇴근 시간만 되면 부장님보다도 먼저 달려 나가곤 해서 정말 죄송하게 생각하고 있습니다. 여러분이 많이 도와주신 덕분에 드디어 졸업을 하게 됐습니다. 앞으로 더욱 열심히 일하겠습니다."

D 씨의 말에 부장이 이렇게 말했다.

"음, D 씨는 일 처리 솜씨도 야무지고 지금까지 아주 잘하고 있어요. 바쁜데도 공부해서 졸업까지 했으니 앞으로도 더 잘하리라 믿어요."

D 씨는 부장님의 한마디에 감동했고 힘이 났다. 이러한 직원을 눈엣가시로 여길 수도 있지만 부장은 넓은 아량으로 앞

으로 더욱 잘해 달라며 격려의 말을 해주었던 것이다.

　우리는 칭찬을 듣는 것을 좋아하는 반면, 남을 칭찬하는 데
는 인색한 것도 사실이다. 이제부터라도 상대방의 아주 작은
장점에 대해서도 칭찬과 격려를 아끼지 않는 넓은 아량의 소
유자가 되어 보자.

유머와 함께
칭찬한다

★
★
★

"칭찬은 배워야 할 예술의 한 분야이다."

〈독일인의 사랑〉으로 유명한 독일의 작가 막스 뮐러가 한 말이다.

이 말처럼 칭찬도 연습을 통해 실력이 향상되는 것이다. 그렇다면 칭찬을 유머와 함께 사용한다면 어떨까?

"부장님, 옷 진짜 멋지시네요!"

"옷이 멋진가, 옷걸이가 좋은 것이지."

칭찬으로 시작해서 바로 유머로 이어진다. 흔히 쓰이는 유머 기술이다.

유머의 센스는 몇 번의 연습으로 얼마든지 익힐 수 있다. 대화를 즐겁게 한다고 생각하고 연습하다 보면 힌트는 얼마든지 있다.

이렇듯 대화의 물꼬를 트는 역할로는 유머가 절대적이다.

평범한 나날을 즐겁게 해주는 대화, 우울한 마음을 달래주는 대화, 관계를 부드럽게 해주는 대화를 위해서 일상의 대화 속에 간단한 유머 기술을 활용하는 것이다.

내가 원하는 대로 상대방을 움직이기 위해서 당신이 취할 수 있는 방법이 두 가지가 있다. 첫째, 총구를 겨냥하고 상대방을 협박하는 것. 둘째, 웃으면서 상대방을 칭찬해주는 것. 이 중에서 어떤 방법을 택하고 싶은가?

칭찬은 칭찬을 하는 사람도, 칭찬을 듣는 사람도 웃음이 새어나오게 한다.

칭찬을 하려면 칭찬하는 사람도 반드시 미소를 짓는 얼굴이 되어야 하기 때문이다.

칭찬을 듣는 사람은 피식하고 머쓱한 웃음을 짓거나, 기분이 좋아져서 큰 소리를 내며 웃을 수도 있다.

part 06

칭찬할 때
유의할 점

—
the
great
power
of
praise
—

1

매사
칭찬만 한다

★
★
★

무조건 칭찬을 한다고 좋은 것은 아니다.

사람이나 상황에 따라서 칭찬의 효과가 달라진다.

십여 년 이상을 같이 살아온 남편이 아내의 실패한 요리에 대해서 습관적으로 칭찬을 한다면 오히려 음식의 맛이 떨어진다.

식재료의 품질이 나빠서 음식 맛이 영 좋지 않은데도 남편이 말했다.

"여보! 이 음식 정말 맛있어요!"

아내의 기분은 어떻겠는가?

또한 똑같은 칭찬을 수없이 들은 사람에게 똑같은 칭찬을 한 번 더 한다는 것은 별로 의미가 없다.

가령 자타가 공인할 만큼 인물이 훤한 사람에게 "인물이 좋으시다는 말씀을 많이 들었는데, 정말 좋으십니다."라고 말해봤자 상대방에게 별다른 감동을 주지 못한다.

"또 똑같은 소리를 하는군." 하고 말 것이다.

너무 쉽게 하는 칭찬은 그 효능을 상실한다.

"부장님의 아이디어는 언제나 좋아요. 부장님의 생각은 항상 옳아요!"

모든 안건에 대해 부하 직원이 하는 판에 박힌 칭찬이 과연 효과가 있겠는가?

이는 무미건조한 말장난에 불과하다.

적당하게 칭찬할 수 있다면 적어도 손해를 보는 일은 없을 것이다.

하지만 누구에게나 습관적으로 칭찬만 하는 사람이 된다면 그 칭찬을 받은 사람은 그 칭찬이 단지 겉치레에 불과하다는 생각이 들게 될 것이다.

심리학자 린다와 아로손은 실험자에게 자신에 대한 이야기를 엿들을 수 있게 한 뒤에 이야기한 사람에 대한 인상을 평가하도록 했다.

첫 번째는 처음부터 끝까지 실험자를 계속 칭찬하게 하였고,

두 번째는 처음부터 끝까지 실험자를 계속 비난하였다.

세 번째는 처음에는 비난을 하다가 결론적으로는 칭찬을 하

는 상황을 만들었다.

마지막은 처음에는 칭찬으로 시작하지만 끝에 가서는 비난하는 것으로 끝내도록 하였다.

그 결과는 무엇이었을까?

얼핏 생각하기에는 처음부터 계속 칭찬만 했던 사람을 좋아할 것 같지만, 사람들은 세 번째 조건의 사람을 가장 좋아한 것으로 조사됐다.

매사에 칭찬받을 일만 하는 사람은 이 세상에 아무도 없다. 그리고 사람들도 그것을 잘 알고 있다.

인간이 칭찬받고 싶어 하는 욕구의 밑바탕에는 두려움을 갖고 있기 때문이다. 그렇기 때문에 항상 칭찬만 하는 사람에게는 오히려 경계심리가 발생된다.

옛날에 어떤 악명 높은 건달의 장례예배를 맡은 목사가 고인의 인품, 성실성, 근면함, 착함, 자비로움, 인자함을 들먹이면서 계속해서 칭찬만 늘어놓았다.

그 소리를 한참 듣고 있던 미망인은 하도 기가 막혀 자신의 아이에게 기우뚱하고는 속삭였다.

"얘야, 저기 가서 관 속에 있는 게 네 아버지인지 보고 오렴."

무조건적인 칭찬은 코믹 연기에 불과한 것이다.

무조건적인 칭찬은 자칫 불쾌함을 안겨줄 수 있으나 다른 사람의 노력과 성취에 대한 칭찬은 항상 유익함이 있을 뿐이다.

2

결점을
칭찬한다

★
★
★

사람은 누구나 양면성을 가지고 있다.

사람에게는 누구에게나 장점과 단점이 있다는 말이다. 그럼에도 불구하고 칭찬을 해야겠다는 마음이 앞서 결점까지 칭찬을 한다면 오히려 자존심을 건드리는 결과를 낳고 만다.

자존심은 인간이 걸치는 가장 값진 의복일 수도 있다.

자신이 분명히 알고 있는 자신의 잘못된 점, 나쁜 점, 마음에 안 드는 점들을 다른 사람으로부터 칭찬받게 된다면 어떻게 되겠는가?

또는 이미 상대방의 약점이나 결점이라는 것을 알고 있으면서도 이를 칭찬이라는 이름으로 들추어낸다면 어떻게 되겠는가?

사무엘 스마일즈는 이렇게 말했다.

"경계해야 할 것은 필요 이상의 칭찬이나 지나치게 호의적인 평가이다. 그것은 사람을 자만하게 만들어 그 사람을 퇴보하게 만든다."

이렇게 결점까지도 칭찬하는 사람은 경계를 당한다.

'이 사람은 왜 이렇게 나에게 친절할까? 어딘가 함정을 파놓고 있는 것은 아닐까?'라는 의구심마저 들게 만든다.

분수에 넘치는 칭찬 뒤에는 적의가 도사리고 있을 수도 있기 때문이다.

미국의 정치가요, 과학자였던 벤자민 프랭클린은 젊은 시절 대인관계가 서툴기로 유명했다.

하지만 그는 노력으로 사교술을 터득해서 프랑스, 영국 대사까지 역임하게 되었다.

그는 성공의 비결에 대해서 다음과 같이 말했다.

"남의 나쁜 점은 절대로 입 밖에 내지 말고 그의 장점만을 칭찬하라."

3

칭찬 후에는
단 한 번의 험담도 하지 않는다

★
★
★

심리학 연구에 따르면 흥미롭게도 사람은 칭찬을 할 때보다 험담을 할 때 더욱 쾌감을 느낀다고 한다. 스트레스 해소 차원에서 그렇다고 한다. 그리하여 사람이 두세 명만 모이면 그 자리에 없는 사람을 험담하는 재미에 푹 빠지는 게 어디 하루 이틀의 일이던가?

그러나 더욱더 안타까운 것은 칭찬이란 칭찬은 다 해놓고 결정적인 험담을 하게 되면 전에 한 칭찬들이 말짱 도루묵이 된다는 사실이다.

"그런데 다 좋은데 말이야……."

칭찬도로를 쌩쌩 잘 달리다가 갑자기 말끝에서 유턴을 하는 사람들이 많이 있다.

칭찬 10번보다 험담 1번의 힘이 치명적이다. 나쁜 기억은 오래 가고 힘이 세다. 어쩌면 헐뜯는 말보다는 좋은 말을 많이 해주었기 때문에 덧셈의 법칙에 따라 상대방의 기분은 아직 플러스 상태라고 판단할 수도 있을 것이다. 하지만 대화에는 덧셈의 법칙이 아니라, 곱셈의 법칙이 적용된다. 한마디의 헐뜯는 말이 제로 혹은 마이너스의 효과를 발휘하면, 전체의 효과 역시 제로나 마이너스가 된다.

함부로 충고하거나 비판, 혹은 분석하지 마라. 상대를 평가하는 것은 상대가 스스로 요청할 때만 하는 것이 좋다.

물론 상사의 자격으로 업무진행을 위해 부하 직원의 장단점을 말해줄 수는 있다. 그러나 어디까지나 업무상 관련된 것만 얘기해야지, 개인적인 부분까지 건드리면 안 된다. 또한 상대방이 솔직하게 자신의 단점을 인정했다고 해서, 쉽게 같이 동조하는 것도 좋지 않다. "본인도 인정하니까 괜찮겠지." 하는 생각은 잘못된 생각이다. 상대방이 인정하는 것과 당신이 인정하는 것은 다르다.

우리는 종종 친해지면 서로 간에 예의가 없어지고 상대방을 마음대로 평가해도 된다는 착각을 하게 된다. 그러나 우리는 상대방을 평가할 자격이 없다. 그리고 상대방도 인정할 것이라고 생각하는 많은 것들을 정작 본인은 인정하기 싫어하는 것이 많다.

편한 사이일수록 예의를 지켜야 한다. 정말로 고객관리를 잘하는 사람은 상대가 아무리 편한 관계라 하더라도 무턱대고 단점을 말하거나 평가하지 않는다. 칭찬의 효과를 기대한다면 아무리 많이 칭찬했을지라도 단 한 번의 험담도 하지 말아야 한다.

칭찬도
때로는 가시가 된다

★
★
★

칭찬을 의미 없이 너무 자주 해도 안 되지만 또한 비교급을 사용해도 안 된다. 누구보다 잘한다, 잘했다는 식의 비교하는 칭찬은 결국에는 가시가 되고 만다.

또한 앞에서 말했듯이 아무리 여러 번 칭찬을 했을지라도 단 한 번의 험담은 수많은 칭찬의 효과를 무색하게 만든다고 했다. 여기에 직접적인 험담 없이도 상대방에게 모욕감을 줄 수 있는 경우가 있다. 그것이 바로 비교할 때인 것이다. 칭찬은 칭찬인데 마이너스가 되는 칭찬. 자신은 칭찬을 했다고 생각하겠지만 다른 사람과 비교하는 칭찬은 빛을 잃기 마련이다.

예를 들면 칭찬받는 사람과 같이 동행한 사람을 비교해서

머쓱하게 하고 분위기를 어색하게 만드는 칭찬이 그 일례라고 할 수 있다.

모 기업의 워크숍에서 일어난 일이다. 직원 3명씩 한 조가 되어 각자 프레젠테이션을 진행한 뒤 강사에게 평가를 받는 워크숍이었다. 어떤 세 명의 여성으로 구성된 조에서 각자 1분씩 프레젠테이션을 발표했다. 그리고 강사가 평가를 했다.

"먼저 A씨는 발음이 정확하고 뚜렷하군요. 다만 구체적인 주제를 가졌더라면 더욱 집중해서 들을 수 있었을 것 같습니다. 다음 B씨는 설명이 아주 재미있고 주제도 명확했습니다. 다만 시선이 불안정합니다. 한 곳만을 뚫어지게 응시하지 말고 여러 청중들을 보면 더 효과적이겠죠. 마지막으로 C씨를 말씀드리겠습니다. 이분은 앞의 두 분에 비해 너무 예쁩니다. 미소만으로도 청중들이 열심히 들을 것 같습니다."

강사의 평가에 A, B 직원은 물론 당사자 C도 어이가 없었다. A, B에게는 화법에 대해서만 언급하더니, C에게만 외모를 언급해서 C의 입장이 묘해진 것이다. 미스코리아 대회도 아닌데 미모를 기준으로 평가를 할 필요가 없었다. 게다가 칭찬을 들은 C 역시 당황스럽기는 마찬가지였다. 앞의 두 직원에게 미안하고, 한편으로 자신은 실력이 아닌 외모로 평가를 받아서 모욕감을 느낄 수도 있는 일이었다.

이처럼 칭찬을 했음에도, 비교가 되는 바람에 셋 모두에게 험담으로 들리게 되는 경우가 종종 있다.

특히 유의할 것은 현재 눈앞에 없는 사람을 다른 사람 앞에서 칭찬할 때다. 당신이 그 사람과 경쟁 상대인 사람을, 혹은 불편한 관계에 있는 사람을 칭찬하는 것일지도 모른다는 사실을 유념해야 한다. 이럴 경우 반드시 칭찬이 좋은 작용을 하지는 않는다. 칭찬받은 사람이 알게 된다면 좋아할 수도 있겠지만 지금 눈앞의 사람에겐 당장 부담이 되는 것이다.

또한 첫눈에 반해 잘 알지도 못하는 사람을 다른 사람 앞에서 과대 칭찬할 경우, 만약 그 사람이 평판이 안 좋은 사람이었다면 나는 사람 보는 눈이 없다고 나쁜 평판을 얻을 수도 있다.

이처럼 눈앞에 없는 제3자를 칭찬할 경우 간단하게 하는 것이 좋다. 물론 상대가 제3자를 어떻게 생각하는지 파악한 다음에 칭찬을 하는 것이 더 효과적이다.

가장 훌륭한 칭찬은 칭찬하는 사람이나 칭찬받는 사람이나 그리고 주위에서 그것을 듣는 사람까지 기분이 좋아지는 칭찬이다. 비교하는 칭찬처럼 칭찬도 잘못 사용하게 되면 아름다운 장미의 가시처럼 당신의 손을 찌를 수 있다는 사실을 명심해야 한다.

5

남들과 똑같은 칭찬은 하지 않는다

★
★
★

남들과 똑같은 칭찬을 하려면 아예 하지 않는 게 낫다. 듣는 상대방이 당신을 식상한 사람으로 볼 수 있다. 중간도 못 가는 짓이다. 임금님만 드신다는 수라상도, 산해진미도, 아무리 맛난 음식도 매 끼니때마다 먹는다면 질리게 마련이다. 칭찬도 똑같은 칭찬만을 받는다면 별다른 감흥이 없을 것이다.

모든 칭찬이 같은 효과를 발휘하지는 않는다. 칭찬마다 가치가 다르다. 기억에 남는 칭찬을 해야 한다. 그러기 위해서는 남들이 아직 찾아내지 못한 상대방의 장점을 발견하려는 노력이 필요하다. 만약 상대방에게 숨겨진 보석 같은 장점을 발견한다면 "이 사람이 나의 진가를 아는구나!" 하고 강한 효과를 발휘하게 된다.

칭찬을 분류해 보면 다음과 같다.

01 상대방도 알고 남도 아는 영역

예를 들어 "올리비아 핫세는 예쁘다." 혹은 "호날두는 축구
를 잘 한다."와 같이 누구나 알고 있는 영역이다. 대부분의 칭
찬이 이 경우에 해당한다. 이런 칭찬은 정작 칭찬을 해도 별다
른 효과가 없다. 많이 듣던 칭찬이므로 당사자에게 식상하고
특별한 느낌을 주지 못한다.

02 상대방만 알고 남은 모르는 영역

겉으로는 얌전해 보이는 사람에게서 활화산같이 뜨거운 정
열을 발견하는 것처럼, 상대방의 숨어 있는 매력을 발견해 칭
찬하는 것이다.

동양의 선비들은 자신을 알아주는 주군을 위해 한 목숨을
기꺼이 바쳤다. 즉 자신의 숨겨진 장점을 발견해 줄 때 상대방
에게 헌신할 수 있는 것이다. 또한 122명의 여인들이 자신의
숨겨진 아름다움을 발견해 준 이탈리아의 지아코모 카사노바
에게 열광하기도 했다.

이 영역의 칭찬이 가장 효과가 좋다. 사람에게는 누구나 인
정받고 싶어 하는 부분이 한 가지는 꼭 있게 마련이다. 하지만
안목이 없거나 무심해서 보지 못하는 장점들이 많다. 따라서

이 부분을 찾아내 칭찬하면 상대방의 호감을 충분히 얻을 수 있다.

03 | 상대방은 모르는데 의외로 남들은 아는 부분

누군가가 말해주었을 때 "어, 내가 그런 이미지를 가지고 있었나?" 하는 부분이다. 듣는 당사자가 인정하기에 시간이 다소 걸리는 영역이다. 즉 시간이 좀 지나야 효력을 발휘하지만, 한 번 인정을 하면 엄청난 효과를 볼 수 있다. 그러나 상대방이 인정하는 것이 어렵다는 점에서 효과적이지는 못하다.

04 | 상대방도 모르고 남도 모르는 영역

한마디로 지하 수십 킬로미터 아래의 캐내지 않은 원석과 같은 부분을 칭찬하는 경우로 이런 영역에서 좋은 칭찬을 발견할 가능성은 희박하다.

가장 효과적인 칭찬의 방법은 이 네 가지 영역 중에서 상대방은 알고 있고 남들은 모르는 영역에서 개인적인 장점을 찾아내어 칭찬하는 것이다.

상대방을 칭찬할 때는 상대방의 개인적인 장점을 찾아내라. 남들에게 자주 듣지 못하는 칭찬이지만 본인이 가장 소중하게 생각하는 가치를 발견해주는 칭찬이야말로 최고의 칭찬이다.

두리뭉실한 칭찬은
하지 않는다

★
★
★

두리뭉실하고 추상적인 칭찬보다는 한두 가지를 콕 찍어내는 구체적인 칭찬이 더 마음에 와 닿는다.

"저 이번에 승진했어요."라는 동료의 말에 그저 "잘 됐네요."라는 말보다 "평소에 업무를 워낙 정확하고 치밀하게 하셔서 꼭 승진하실 줄 알았습니다."라고 구체적으로 칭찬하는 것이 더 마음에 와 닿는다.

두리뭉실하게 칭찬하는 것은 쉽다. 내심 썩 내키지 않으면서도 예의상 좋은 말 한마디 내뱉는 것이 어려울 리 없다.

하지만 명심해야 할 것이 있다. 그런 가벼운 칭찬은 상대방에게도 가볍게 받아들여진다는 사실이다. 진심이 담긴 구체적인 칭찬이 그만큼 큰 효과를 발휘한다.

칭찬과 아부를
구분한다

★
★
★

칭찬이라고 하면 대개 윗사람이 아랫사람에게, 아니면 같은 동료 사이에 이뤄지는 것으로 생각하기 쉽다. 그래서 아랫사람이 윗사람에게 쉽게 칭찬을 못하는 경향이 강하다. 혹시 섣부른 칭찬이 실례가 될까 봐 조심스러운 탓도 있다.

규모가 크지는 않으나 속이 꽉 찼다고 평가받는 어떤 기업의 대표가 쓴 자서전에 나오는 일화이다.

자금 사정으로 회사가 부도나기 일보직전까지 몰렸다고 한다. 어음 만기일은 다가오고, 현금 유동성은 갈수록 떨어지고 있었다. 그는 암담한 현실 앞에서 회사를 정리하고 싶은 유혹이 불같이 일어났다. 기업의 재무구조상 회사가 망하더라도 자신까지 망할 일은 아니었으므로 그만 훌훌 털어버리고 편안한 여생을 보내고 싶었던 것이다. 그러나 그렇게 흔들리던 사장이 말단 사원의 칭찬 한마디에 그런 생각을 깨끗이 잊었다고 말한다.

"사장님, 사장님은 정말 최고입니다. 지난번에 사장님이 말씀하신 대로 했더니 정말 효과가 있지 뭡니까. 이제는 아무런 고민 없이 회사 일에만 열심히 몰두할 수 있을 것 같습니다. 큰 도움이 되었습니다."

초롱초롱한 눈빛으로 환하게 웃는 모습에 그는 큰 충격을 받았다. 사실 까마득히 잊고 지내던 일이었다. 휴게실에 퀭한 얼굴로 힘없이 앉아 있는 신입사원이 눈에 띄기에 무슨 문제가 있는지 물었고, 사장과 직원 간의 어려움에도 불구하고 스스럼없이 사적인 고민을 얘기하는 신입사원의 태도에 기분이 좋아져, 인생 선배로서 나름대로의 해결 방안을 제시했던 적이 있었다. 그 뒤로 까맣게 잊고 지냈는데 그 직원이 먼저 다가와 감사의 말을 전하니 되레 자신이 고마워할 일이었다.

"직원들이 나를 이렇게나 믿고 따르는데, 어렵다고 도망갈 생각부터 하다니……."

결국 그는 그 직원의 칭찬 한마디에 큰 용기를 얻어 좌절하지 않고 난관을 헤쳐 나왔다고 한다.

당신의 칭찬 한마디에 윗사람이 감격할 때가 있다. 아랫사람이 살갑게 건네는 칭찬은 큰 힘이 된다. 물론 체면상 칭찬을 받고도 그 자리에서 좋다는 내색을 하지 않을지라도, 마음속에서는 우선 당신의 배려와 관심에 고마워하고 당신을 눈여겨볼 것이다.

단, 윗사람을 칭찬할 때 반드시 유의할 점이 있다.

01 │ 칭찬할 만한 것을 칭찬한다

윗사람을 칭찬하지 못하는 이들의 말은 대개 비슷하다.

"상사에게 손바닥만 잘 비비는 인간이 주위에 여럿 있습니다. 그 꼴을 보기가 싫어서 저는 웬만하면 안하게 됩니다. 혹 아첨하는 인간이란 오해를 받을까 봐서요."

물론 직장뿐만 아니라 모든 사회집단 안에서는 실력이 아니라, 아첨을 일삼아 이득을 얻는 부류가 분명 존재한다. 하지만 그들의 말로는 언제나 비참하다.

그들의 행태를 보며 화를 낸다는 것은 달리 보면 칭찬을 하지 못하는 자기 자신의 모습에 화가 나는 것일 수도 있다.

당신 자신을 믿어라. 확실히 칭찬할 만하다고 생각한다면 상사라도 아낌없이 칭찬하자. 만약 칭찬의 효과로 상사가 기준이 넘는 이득을 줄 경우 과감하게 받지 않는 용기도 필요하다. 주위 사람들뿐만 아니라 상사 또한 당신을 달리 보게 될 것이다.

"팀장님, 이번 계약은 정말 잘 계약하셨습니다."라는 말은 당신의 영역을 넘어서는 범위다. 오히려 상사 입장에서는 무례하다고 느낄 위험이 크다. '잘했다, 못했다'를 결정하는 권한은 당신에게 없다.

"팀장님이 계약을 처리해주신 덕분에 저희가 신명이 납니다."라는 말처럼 혜택을 위주로 말하는 게 훨씬 더 좋은 표현이다.

용기를 내어 윗사람을 칭찬해 보라. 어려운 만큼 제대로 칭찬을 한다면 최고의 칭찬이 될 수 있다.

part 07

상대에 맞추어
효과적으로 칭찬하기

–
the
great
power
of
praise
–

낯선 사람은
사람보다 소지품을 칭찬하라

★
★
★

요즘에는 여성들만 액세서리에 관심을 보이는 것이 아니다. 남성들도 자신이 지니고 있는 소지품에 대해서 자신의 분신처럼 애정을 쏟는다. 특히 명품시대라고 해도 지나치지 않을 정도로 고급 명품을 선호하기도 한다. 따라서 상대의 소지품에 초점을 맞춰 칭찬을 하면 상대의 만족을 유도할 수 있다.

얼마 전에 딸의 친구가 우리 집에 예고도 없이 놀러왔다. 아버지로서 딸과 그 친구의 대화에 끼는 것이 쉽지 않지만 요즘 아이들의 생각을 알고 싶어서 대화의 자리에 동참하려니 마땅한 화제가 떠오르지 않았다. 그때 문득 딸의 친구가 목에 걸고 있는 목걸이에 시선이 갔다.

"너, 목걸이가 좀 특이하구나."

그러자 딸의 친구는 기쁜 표정으로 말을 했다.

"눈이 높으시네요. 이거 우리 아빠가 파리에 갔다 오시면서 사 오신 거예요."

이렇게 해서 딸의 친구와 대화를 할 수 있었다.

사람들은 너무 지나친 칭찬, 추상적인 칭찬, 또는 막연한 칭찬은 오히려 불쾌하게 생각한다.

"당신은 정말 이 세상에서 가장 훌륭하신 분입니다."

이런 식의 칭찬을 하면 상대는 마음속으로 '당신이 나를 알면 얼마나 알기에 그런 말을 하지?' 하는 의심과 경계심을 갖게 된다. 특히 자주 만나지 못한 관계에 있는 사람에게 이런 식으로 칭찬을 하면 역효과를 가져올 수 있다.

이럴 때는 상대가 지닌 소지품을 칭찬의 소도구로 삼아 화제에 올리는 것이 상대방을 직접 언급하는 것 이상으로 효과를 가져 온다. 나아가 소지품 중에서도 상대가 각별히 여기는 것을 선택하는 것이 칭찬의 요령이다.

"선생님의 라이터는 디자인이 독특하군요."

"이 만년필은 귀한 거군요."

이런 식으로 상대가 갖고 있는 시계, 또는 넥타이 등이 간접적인 칭찬의 훌륭한 도구가 될 수 있다.

소지품에 대한 칭찬은 은근한 칭찬이지만 상대방을 직접 언급하는 칭찬 못지않은 효과를 낳는다.

ㄹ

이성은
애매하게 칭찬하라

★
★
★

이성異性을 칭찬하는 말은 신중하게 선택해야 한다. 꾸며낸 말 같은 공치사나 격에 맞지 않는 찬사는 허풍처럼 들려 자칫 불쾌하게 만들 수도 있다.

이러한 때는 애매모호한 말로 칭찬하는 것이 심리학적으로 좋은 작전이다.

인간은 주어진 상황을 자신에게 유리하게 해석하려고 노력한다.

심리학에서 응용되는 검사 중에 '로르샤흐 검사'라는 것이 있다. 데칼코마니 같은 잉크의 반점을 본 뒤에 어떤 것으로 보였는지를 검사하는 심리 검사로 이 검사에도 심리의 투영이라는 메커니즘이 작용한다. 즉 모든 것을 자기 상황에 유리하게 해석하려는 사람들의 심리를 잘 보여주는 것이다.

가령 눈이 예쁜 것이 장점인 여자를 칭찬해 보자.

"눈이 매우 아름답군요."

평소 자신의 눈에 대해 자신이 넘쳤던 상대라면 "흥, 당연한 얘기지." 하면서 코웃음을 칠 것이다. 반대로 자신의 눈에 열등감을 갖고 있었다면 "이 사람이 나를 놀리나?" 하면서 모욕감을 느낄 것이다.

그러면 이런 칭찬은 어떨까?

"당신은 참 무드가 있는 분이시네요."

어딘지 애매모호한 칭찬이지만 효과적이다.

'무드'라는 말은 받아들이는 사람에 따라서, '매력'도 되고 '멋'도 된다. 또한 '아름답다'는 형용사로도 쓰일 수 있다. 따라서 상대가 자신에게 기분 좋은 해석을 할 수 있는 여지를 주게 된다.

비유법의 경우도 마찬가지다.

"당신은 마릴린 먼로 같아요."

요즘 아가씨들에게 이런 식으로 칭찬을 늘어놓아도 아무런 효과가 없다. 오히려 연예인에 대해서 혐오감을 갖고 있는 사람에게라면 불쾌감만을 자극할 뿐이다. 굳이 영화 속의 이미지와 결부시켜 말하고 싶다면 이렇게 말한다.

"당신은 멋진 멜로 영화의 여자 주인공으로도 어울릴 것 같군요."

특정 배우를 지칭하지 않는 것이 좋다.

이성에게는 투영 메커니즘을 최대한 활용하는 것이 칭찬하는 비결이다.

3

젊은 부하를
칭찬하기

★
★
★

　불과 10년 전만 해도 상사의 말은 절대적으로 복종해야 되는 지상명령으로 간주되었다. 상사에게 반항하는 것은 회사에 반항하는 것이고, 결국 사표를 내게 되는 극단적인 일까지 감수해야만 했다.

　그러나 요즘 젊은 사람들에게는 상사의 말이 그 정도로 무게가 있지 않다. 자신의 뜻과 맞지 않으면 쉽게 반대 의견을 말한다. 그래서 말을 듣지 않는 부하에게 철저하게 엄격하게 되어 몰아쳐야 하는지, 아니면 상대가 비록 부하이지만 참고 아량을 베풀어야 하는지 상사는 고민을 하게 된다.

　엄격하게 대하면 부하는 회사를 떠나는 극단적인 행동을 하게 되고, 그렇다고 아량으로 대하면 버릇없이 머리 위에 앉으려고 할 것이다.

그럼 어떻게 해야 할까?

젊은 부하도 사람인 이상 모두 같은 원리로 살아간다는 것을 인정해야 한다. 주위에서 인정을 받지 못하면 불만이 쌓이고, 그것을 해결해 줄 사람에게 얼굴을 돌리게 된다. 상대를 단순히 칭찬하는 것이 아니라 날마다 관심을 가지면서 얼마만큼 적극적으로 인정해 주는지가 중요하다.

그래서 젊은 부하에게 명령할 때 중요한 것은 '이유'를 말해주면서 명령하는 것이다.

상사의 말이라면 토를 달지 않고 무조건 맹종했던 옛날과 달리 지금은 정확하게 설명을 덧붙일 필요가 있다. 사무실에서 인사를 하는 것이 왜 중요한지, 퇴근 후에 상사와 대화를 나누는 것이 왜 중요한지 하나하나 설명을 덧붙여주어야 한다.

위치를 이용해서 무조건 "해라!"라고 말할 것이 아니라, 상대를 위해 일부러 시간을 내어서 친절하게 이유를 설명해 주는 것이다. "해라!"라는 명령에는 개인에 대한 존중의사가 없지만, 이유를 설명하는 것에는 그것이 있다. 때문에 상대를 인정하는 칭찬으로의 기능이 있는 것이다.

나이 많은 부하 직원을 대하는 방법

★
★ ★
★

    연령에 따른 직위 서열이 무너지고 성과주의를 도입하는 기업이 늘고 있는 요즘, 자기보다 나이가 많은 직원을 부하로 둔 관리자가 늘고 있다. 예전의 선배, 때로는 상사가 지금은 자신의 밑에서 일하게 되는 경우도 드물지 않다. 이런 경우 관리자는 어떻게 해야 나이 많은 부하 직원과 좀더 끈끈한 협력 관계를 만들어낼 수 있을지 고민하게 된다.

    한 자동차 회사의 연수에서, 관리자들이 나이 많은 부하 직원을 어떻게 대하면 좋을지에 대해서 2시간 동안 토론을 벌인 적이 있다.

    관리자가 칭찬을 해도 너같이 어린 것에게 칭찬을 듣고 싶지 않다는 표정을 짓고, 이쪽에서 다가가 인사를 해도 그저 건성으로만 대꾸하니, 도대체 어떻게 하면 그들에게 동기 부여를 할 수 있을지 긴 토론이 벌어졌다.

2시간에 걸친 이런저런 논의 끝에 최종적으로 도달한 결론은 그들에게 상담을 청하면 동기부여가 된다는 것이었다.

종종 모르는 것이 있어서 나이 많은 부하 직원에게 도움을 청하면, 어쩔 수 없다는 표정을 지으면서도 내심 기쁜 듯 잘 가르쳐주곤 했다. 팀을 어떻게 융화시켜야 좋을지 몰라 어드바이스를 구하면 물 만난 물고기처럼 신나서 조언을 해주는 경우도 있다고 한다.

이런 상담은 지금까지 우연히 일어나고 있었다. 그러나 나이가 많은 부하 직원의 '분위기'를 바꾸고 싶다면, 의식적으로 시도해 봐도 좋지 않을까? 굳이 거짓말까지 해가면서 상담을 요청할 필요는 없겠지만 평소에 배울 수 있는 것, 상담 가능한 것들을 찾아 빈번하게 질문을 하면 어떨까? 이런 결론을 이끌어 내고 그 토론을 마쳤다.

사실은 나도 나이 많은 부하 직원이 몇 명 있다. 열 살이나 연상인 분도 있어서, 어떻게 하면 인정의 의사를 표할 수 있을지 고민을 하곤 했다. 하지만 이 토론을 진행해 가면서 취해야 할 태도가 비교적 분명하게 떠올랐다.

'그렇구나. 상담하면 좋은 거구나.'

그 후로는 나이 많은 부하 직원에게 자주 질문을 한다. 그들이 더 전문적으로 알고 있는 분야라는 생각이 들면 나 혼자 해답을 이끌어 내지 않고 가능하면 물으러 간다. 실제로 그들은 자세히 알고 있는 경우가 많아서 내게도 무척 도움이 되었다.

그리고 의식적으로 그렇게 노력하면서부터 나이가 많기 때문에 말을 꺼내기 어렵다는 느낌도 상당히 줄어들었다. 아마 상대방이 어떻게 나올지 기다리기보다 이쪽에서 적극적으로 다가가는 것이 습관이 되어서 일지도 모른다.

칭찬한다는 것은 결국 칭찬하는 쪽이 칭찬을 받는 쪽을 평가하는 것이다. 다시 말해 칭찬하는 쪽은 '위'이고, 칭찬받는 쪽이 '아래'이다. 그렇기 때문에 나이 많은 부하 직원 입장에서 보면 나이 어린 상사가 해주는 칭찬의 말은 받아들이기 힘들다. 그러나 나이 어린 상사가 상담을 청하거나 배우는 입장을 자처하면 '아래'가 되기 때문에, 나이 많은 부하 직원이 받아들이기 쉬운 인정이 되는 것이다.

상사라는 자존심은 잠시 접어 두고, 나이 많은 부하 직원에게 상담을 청하는 기회를 늘려 보면 어떨까? 그들에게 한 수 배워 보는 것도 좋지 않을까? 중요한 것은 무엇보다도 협력 관계를 만드는 것이니 말이다.

5

상사를
칭찬하는 방법

★
★
★

    동료 직원들과 대화를 해보면 이런 얘기를 자주 들을 수 있다.

    "그 부장님 좀 적당히 했으면 좋겠어. 자기 생각만 한다니까."

    이런 말들이 나온 배경을 살펴보면, 결국 자신에 대한 인정이 부족하고 좀더 자신을 인정해야 한다는 인정 부족에 대한 불만들이다.

    이러니저러니 해도 가장 많은 시간을 회사에서 보내기 때문에 직속 상사에게 어느 정도의 인정을 받느냐에 따라 기분이 좌지우지된다고 해도 과언이 아니다. 그만큼 상사가 큰 영향력을 갖고 있는 것은 틀림없는 사실이다.

    "지금까지의 직장 생활을 돌이켜보면서 동기부여가 잘 되었던 때와 그렇지 않았던 때를 1년 단위로 회상해 보면 어떨까요?"

위와 같은 질문에 많은 사람들이 상사와의 관계가 좋았을 때 동기부여가 잘 되었다고 답했다. 그 반대일 경우는 역시 낮았다고 답했다.

상사와의 관계가 좋았다는 것은 쉽게 말하면 그 상사가 자신을 칭찬해 주었다는 것이다. 잘 지내지 못했다면 물론 그 반대일 것이다. 그렇다면 어떻게 상사에게서 칭찬을 이끌어낼 수 있느냐가 중요해진다.

여기서 문제가 되는 것은 실적이 좋거나 맡은 일을 훌륭히 처리했다고 해서 무조건 칭찬을 받는가 하는 것이다. 그런데 이것이 그리 간단치가 않다.

"우리 부서가 존폐 위기에 처했을 때, 부서를 기사회생시킬 만한 큰일을 했는데도 불구하고 그다지 좋은 평가를 받지 못했어요. 지금도 그 점을 유감스럽게 생각하고 있습니다."

즉 불만은 내가 이 정도까지 했는데 어째서 날 인정해 주지 않는가 하는 것이다. 다시 말해, 본인 입장에서 보면 충분한 실적을 올렸거나 그에 상응하는 일을 했는데도 왜 인정이 적은가 하는 것이다.

여기서도 알 수 있듯이 '훌륭한 일 = 인정 획득'의 공식은 성립되지 않는다. 이것이 세상의 부조리이고 모든 불만의 근원인 것이다.

그럼 어떻게 하면 좋을까?

나는 "상사를 어떻게 대하면 좋을까요?"라는 질문을 받으면 망설임없이 말한다.

"첫 번째가 보고, 연락, 상담이고, 두 번째도 보고 연락, 상담, 세 번째가 칭찬입니다."

상사에게 보고, 연락, 상담하는 것은 "당신을 신뢰하고 있다. 의지하고 있다."는 것을 전달하는 가장 효과적인 수단이다. 대부분의 상사는 아래 직원들이 자신에게 의지하기를 바라고 있다. 왜냐하면 누가 자신에게 의지한다는 것은 자신의 존재 가치를 높여주는 행위이고, 조직 속에서 자신의 위치를 확실히 인식할 수 있는 길이며, 그로 인해 내면의 불안이 줄어들기 때문이다.

반대로 보고도, 연락도, 상담도 원활히 이루어지지 않는다면 자신이 상사로서 제대로 인정받지 못하고 있다는 불안감이 커지게 된다. 따라서 보고도, 연락도, 상담도 없이 실적만 올리는 부하 직원은 결국 승진 리스트에서 빠지는 것이다.

그럼 상사에게 칭찬은 왜 필요한 것일까? 결국 위로 올라가면 갈수록 좀처럼 칭찬받을 기회가 없는 것도 사실이다. 아마 당신의 상사는 칭찬 따위 필요치 않다는 얼굴을 하고 있을지도 모른다. 그러나 절대로 그렇지 않다. 단언컨대 분명히 칭찬해 주기를 바랄 것이다. 아마 모든 상사들이 당신 이상으로 칭찬에 굶주려 있을 것이다. 무엇이든 상관없으니 이제부터 칭찬해보자. 새로 산 넥타이든 헤어스타일이든 뭐든 다 좋다.

그리고 당신이 의식적으로 인정을 상사에게 부여하기 시작하면 상사도 당신을 인정하기 시작할 것이다.

"됐어. 상사의 인정 같은 건 필요없다고. 난 내가 하고 싶은 일만 하면 되는 거니까."

이렇게 특별히 출세하지 못해도 상관없다고 말하는 사람이 있다. 하지만 대부분의 시간을 보내는 직장에서 마음 편한 업무 환경을 조성하고 싶다면 상사를 인정해주는 것이 좋다. 상사가 제아무리 엄숙한 얼굴을 하고 있는 ET형의 사람이라도 말이다.

part 08

동기를 부여하는
칭찬의 기술

—
the
great
power
of
praise
—

1

상대방이 중요한 존재임을 인식시켜라

★
★
★

누구나 자신이 인정받고 있다는 것을 인식하게 되면 책임감을 갖게 된다.

다국적 기업으로서 전 세계에 수많은 기업들을 거느리고 있는 미국 웨스팅하우스사의 호주 호손 공장에서 여직원들을 대상으로 세 가지 실험을 하였다.

첫 번째는 조명에 대한 실험이었다. 여직원들을 조명이 훨씬 더 과학적으로 설계된 공장에서 근무하게 했더니 생산량이 급격히 증가하였다. 그 후에 조명을 다시 원상태로 환원했지만 그래도 생산량은 그대로였다.

두 번째는 근무시간 단축에 대한 실험이었다. 조업시간을 단축하고 휴게시간을 늘렸다. 그러자 생산량이 증가하였다.

이런 생산성 향상은 근무시간을 다시 원상태로 환원하여 실시했을 때도 변동이 없었다.

세 번째는 식사에 대한 실험을 하였다. 식사 시간에 음식들을 따뜻한 것으로 개선하자 생산량이 증가하였다. 다시 음식을 차갑게 환원시켜도 생산량은 여전했다.

이러한 일련의 실험에서 나타난 결과들은 상식적으로 이해가 되지 않는다. 조명이나 근무시간, 그리고 급식의 질을 개선하는 것은 분명 생산성 향상을 불러온다. 하지만 작업환경이 원상태로 환원되었는데도 여직원들의 생산량은 줄어들지 않았다.

조사를 통해 여직원들이 실험 대상으로 선택되었다는 것을 자랑스럽게 생각했다는 것이 이 수수께끼의 답이라는 것을 알 수 있었다.

누구든지 중요한 존재임을 인식시켜주면 환경이 바뀌더라도 고무된 감정이 그대로 유지된다는 사실을 알게 된 것이다.

반면 자신의 존재가 무시되는 여건에 놓이면 무기력감을 느끼게 된다.

한때 시끄럽던 생산직 사원들의 노사분규 원인도 마찬가지다. 생산직 사원들의 실제 임금은 사무직 사원들보다 높은 수준에 있었다. 하지만 자신들을 비웃고 인간적 존엄성을 무시당한 데서 오는 심리적 갈등이 노사분규의 원인이 되었던 것이다.

"당신은 언제나 중요한 사람이다."

이렇게 인정하는 것이 상대의 능동적인 의지를 자극하는 것
이다.

긍정의 채널에
맞추어라

★
★ ★
★

　마음이라는 방송국이 있다. 이 방송국에서는 두 개의 채널, 즉 하나는 'P positive 채널', 다른 하나는 'N negative 채널'이 있다. P 채널은 긍정적이고 적극적인 채널이며 N채널은 부정적이며 소극적인 채널이다.

　의식과 관념을 지배하는 이 두 개의 채널은 오직 의지에 의해서 바꿀 수 있다. 따라서 적극적이고 긍정적인 행동을 유도하기 위해서는 상대의 채널을 P로 바꿔야 한다.

　옛날 어떤 마을에 한 노인이 살고 있었다. 어느 날 나그네가 마을을 지나가면서 노인에게 말을 걸었다.

　"노인 어른, 이 마을에 사는 사람들은 어떤가요?"

　"당신이 살던 마을은 어땠소?"

"그야 형편없었죠. 서로 다투고 미워하며 잠시도 조용한 날이 없어서 떠나왔습니다."

그러자 노인은 차갑게 대답했다.

"그렇다면 여기도 당신이 살던 마을과 다를 게 없소. 당신은 이 마을에서 살 수 없을 게요."

나그네는 노인의 말을 듣고 그 마을을 떠났다.

다시 또 한 나그네가 찾아왔다.

"노인 어른, 이 마을에 사는 사람들은 어떤가요?"

"당신이 살던 마을은 어땠소?"

"제가 전에 살던 마을은 더없이 살기 좋은 곳이었습니다."

이번 나그네는 지난번 나그네와는 달리 전에 살던 마을을 좋게 말하였다.

"잘 오셨소. 그렇다면 이 마을도 당신이 살기에 아주 좋은 마을이 될 거요. 우리 함께 잘 살아봅시다."

두 나그네는 똑같이 이 마을에 살려고 왔다가 한 사람은 정착했으나 다른 한 사람은 그렇게 하지 못했다. 첫 번째 나그네는 노인으로 하여금 N채널을, 두 번째 나그네는 P채널을 틀게 만든 것이다.

상대방에게 동기를 부여하고 격려하려면 언제나 긍정적이고 적극적인 P채널을 활용해야 된다.

3

플러스 암시로
자극하라

★
★
★

    사람은 상상의 동물, 모든 일이 상상의 굴레를 벗어날 수 없다. 또한 사람은 구체적이고 노골적인 사실보다는 은근하고 분명치 않은 사실에 더 관심을 쏟는다. 그래서 인간을 암시에 약한 존재라고 한다.

    의사를 찾아간 환자들은 의사가 주는 진단서보다 진찰 중에 털어놓는 의사의 말에 더 관심을 보인다.

    "이까짓 병은 아무것도 아닙니다."

    별것 아니라는 의사의 말을 들으면 심각한 병도 별것 아닌 것 같다.

    "상당히 위험해요. 지금까지 뭘 했죠?"

    환자를 나무라는 의사의 말을 들으면 실제 이상으로 병에 대한 두려움을 갖게 된다. 이것을 의학자들 사이에서 '병원병' 이라고 부른다. 말하자면 의사 자신의 무의식적인 표현 방법에 따라 환자들의 상태가 플러스가 되기도 하고 마이너스가 되기도 한다는 것이다.

특히 의지력과 정신력이 약한 사람은 제3자의 암시에 예민한 반응을 보인다.

따라서 다른 사람을 격려할 때에는 암시를 담되 플러스 암시를 담아서 격려해야 한다.

"부하의 사기를 고무시키는 리더는 일의 내용 전부를 지시하기보다는 암시를 잘 하는 사람이어야 한다."

미국의 한 경영자는 이렇게 말하면서 다만 그 암시가 플러스 요인이 되어야 한다고 가르친다.

크나큰 실패로 좌절감에 빠진 상대는 지푸라기라도 잡고 싶은 심정을 갖는다.

이런 상대에게 달콤한 위로의 말이나 동정의 언어는 아무런 소용이 없다.

"그까짓 실패쯤이야."

대수롭지 않게 실패를 넘기는 암시가 효과적이다.

'내가 별것 아닌 일로 고민하는구나.'

이런 기분에 빠지면 어느새 의욕도 생기고 재기할 자신감도 생기게 된다. 암시는 행위를 일으키는 배경이 되는 것이다.

4

자기 현시욕구를
만족시켜라

★
★
★

　사람이 어떤 일을 하려고 하는 의지는 자기 내부에 잠재한 강한 현시욕구, 즉 자신을 드러내고 과시하려는 욕구에 의해서 자극받는다. 타인의 권유나 충고, 혹은 강요가 있더라도 근본적으로 자기 현시욕구가 없다면 행동으로 이어지지 않는다.

　일본 수영계의 히로인으로 각광을 받던 히데코 양은 로스앤젤레스 올림픽에서 일본에 은메달을 안겨주었다. 당시 히데코 양은 자신이 갖고 있던 일본 신기록을 6초나 단축했고 1위를 차지한 호주 선수와는 불과 0.1초 차이의 대기록을 수립했다.

　히데코 양은 자신의 기록이 믿기지 않는 듯 만나는 사람마다 자랑을 하였다. 그러나 그녀를 축하하기 위해 마련된 파티에서 도쿄 시장은 히데코 양에게 엉뚱한 발언을 하였다.

"히데코 양, 2위를 하게 되어서 기쁜가요?"

"네, 꿈에도 생각하지 못한 은메달이에요."

히데코는 진심으로 기뻤다. 그러나 도쿄 시장은 전혀 기쁜 얼굴을 하지 않았다.

"그래요? 내 생각과는 다르군요. 불과 0.1초 차이로 2위를 했으니 분하다고 생각할 줄 알았거든요."

도쿄 시장은 덧붙였다.

"불과 0.1초의 차이입니다. 6초나 단축할 힘이 있었다면 그까짓 0.1초쯤이야 쉬운 일 아닌가요? 어때요? 다음에는 0.1초를 뛰어넘어 금메달을 획득해 보는 게."

히데코는 그때까지 나이를 고려해서 은퇴할 생각을 갖고 있었다. 그러나 도쿄 시장의 이 말이 그녀에게 상당한 승부욕을 일으켰다.

그녀는 결국 4년 후, 베를린 올림픽에서 금메달을 따고 말았다.

상대가 이룬 실적을 충분히 인정하고 더 높은 목표를 향하게 만드는 것은 자기현시욕에 불을 붙이는 가장 효과적인 방법이다. 자신도 모르는 힘, 그 한계를 짐작조차 못하는 힘을 우리는 누구나 갖고 있다.

'할 수 있다'는 용기는 기대 이상의 힘을 터트리는 기폭제와 같은 것이다.

5

보잘것없는 장점도
칭찬하라

★
☆
★

누군가가 가진 장점이 제아무리 보잘것없다 하더라도 이것을 집중적으로 고무시키면 그 외의 모든 단점들을 없애버리는 효과가 있다. 이것은 수면 위로 떨어진 한 방울의 물방울이 사방으로 퍼지듯이 한 부분을 집중적으로 자극하면 그 효과가 퍼지면서 주변의 단점들을 흡수해 버리기 때문이다. 이것을 심리학에서는 '부분 자극의 확대 효과'라고 한다.

따라서 상대의 분발을 촉구하기 위해서는 모두 완벽해야 된다는 생각을 하지 말고 언제나 가능성이 높은 부분을 긍정적으로 자극할 필요가 있다.

"자네는 다 좋은데 이 점은 고쳐야겠어."

이런 식의 격려는 효과적인 격려가 아니다.

"자네의 이 점은 상당히 가능성이 있네. 틀림없이 성공할 수 있을 걸세."

이런 식으로 격려해야 한다. 효과적인 격려는 단점을 보완하는 것이 아니라 가지고 있는 장점에 집중적으로 스포트라이트를 맞추는 것이다.

세계적인 물리학자 아인슈타인이 스위스 국립공과대학에 가서 입학시험을 쳤으나 수학 한 과목을 제외한 모든 과목들의 점수가 합격 기준에 미달했다. 그때 그 대학의 학장이던 헬츠 교수는 아인슈타인을 불렀다.

"자네의 수학 실력은 정말 훌륭하네. 모든 교수들이 감탄을 하고 있어. 어떤가? 수학을 공부하기 위해서라도 우리 학교의 김나지움에서 계속 공부를 해보게."

헬츠 교수는 "수학은 성적이 좋은데 다른 학문이 뒤졌으니 분발하게."라는 식으로 말하지 않고, 수학이 훌륭하다는 말만 강조하였다.

결국 아인슈타인은 헬츠 교수의 효과적인 격려에 의해서 위대한 물리학자가 될 수 있었다.

단점들은 쉽게 눈에 띄지만 장점은 지나치기 쉽다. 그러나 그 장점을 발견하여 집중적으로 자극하면 능동적으로 무엇이든 할 수 있다는 의지가 생기는 것이다.

6

스스로 하려는 의욕을 북돋운다

★
★
★

당신이 사람들을 통솔해 본 경험이 있다면 상대방의 능력을 발휘시키기 위해서 직설적인 요구를 하거나 노골적인 강요를 하는 것보다 스스로 하고 싶다는 의욕을 북돋우는 방법이 더 효과적이라는 것을 알 것이다.

사람들은 누구나 끝없이 재능을 키울 수 있는 능력을 지니고 있다고 학자들은 말한다. 그러나 이것은 우연히 확대되거나 개발되는 것이 아니라 스스로 좀더 해보려는 욕구가 있을 때에만 가능하다.

"늦었다고 할 때가 가장 빠른 때이다."라는 말이 있다. 그만큼 해보겠다는 의욕이 중요하다는 말이다.

의욕이 있어야 용기를 발휘해서 자신이 지닌 능력을 표현할 수 있는 것이다. 적극적인 사람은 자기 스스로 의욕을 북돋을 수 있으나 소극적인 사람은 주변 사람들의 도움을 필요로 하기도 한다.

하지만 무분별한 충고나 격려만으로는 상대방의 의욕을 확대시키거나 신념을 강하게 만들 수 없다. 바로 이럴 때 설득자의 능력과 방법이 중요해진다.

그런데 인간은 자신의 능력과 용기에 의지해서 살아가야 되는 존재이다. 다른 사람은 누구도 직접적인 도움을 줄 수가 없다. 스스로 판단해서 살아가야 되는 존재인 것이다. 그래서 어쩌면 다른 사람이 누군가에게 무작정 의욕을 불어넣는다는 것은 위험한 행동일지도 모른다.

게다가 사람들은 자기 혼자 힘으로 살아야 한다는 강박관념을 전부 가지고 있는 것도 사실이다. 따라서 이 강박관념 때문에 다른 사람의 충고나 격려가 아무리 진실한 것이라도 강한 거부감이 생긴다.

결국 충고나 격려하기 전에 스스로 판단할 시간을 주고 먼저 해보겠다는 마음이 들 수 있도록 분위기를 조성해 주어야 한다.

상대에게 혼자 할 수 있을 것 같다는 자신이 생겼을 때 비로소 적당한 방향을 제시하면서 격려해야 한다. 이렇게 했을 때 상대는 실의에 빠졌다가도 쉽사리 용기를 되찾을 수 있게 되는 것이다.

 칭찬이나 격려를 할 때, 당신이 잊어서는 안 되는 점은 인간
은 누구나 혼자서 파도를 헤치며 살아갈 수 있는 존재라는 것
이다. 또한 모든 사람이 로빈슨 크루소처럼 혼자서 역경을 잘
헤쳐 나갈 수 있는 것도 아니라는 것을 알고서 설득할 때 겸손
해야 한다. 그렇지 않으면 격려나 칭찬이 위험한 역효과를 가
져오게 될 것이다.

팔방미인八方美人을
인정하라

★
★
★

    어느 조직에든 팔방미인이 있기 마련이다. 일하는 능력도 뛰어나고 사람을 다루는 재주도 비상하다. 이런 존재를 흔히 오페라의 여주인공과 같다고 하여 프리마돈나라고 부른다. 오페라의 성패는 프리마돈나에 의해 좌우되듯이 조직에 있어서도 프리마돈나의 역할은 아주 중요하다.

    이런 사람은 인기가 높지만 적이 많은 것도 사실이다. 주변 동료들에게 나쁜 감정을 일으키는 프리마돈나가 아니라면 상사의 입장에서는 이런 사람을 칭찬하고 고무시킬 필요가 있다.

    리쳐드 C.앤더슨은 "조직 속에서 프리마돈나를 적절히 고무시켜 활동하게 하는 것이 바로 경영자가 할 일이다."라고 했다.

프리마돈나는 업무에 있어 창조적이고, 실천력이 있으며, 스스로 모든 일에 능동적이다. 또한 주변 동료들을 리드하고 의욕을 북돋우며 우호적인 분위기를 연출하는 능력이 있다. 이런 타입의 사람은 자신의 존재가치를 언제나 인정받고 싶어하는 강한 욕구를 가지고 있다.

만약 자신의 존재가치를 무시하고 자신의 성과를 도둑맞았다는 기분이 든다면 지금까지의 우호적인 태도가 돌변할 가능성이 있다.

어떤 회사의 총무실에서 근무하던 직원의 이야기다. 그는 고등학교밖에 나오지 못했다. 그러나 모든 일에 솔선하고 궂은일도 거절하지 않았다. 그는 무슨 일이든지 완벽하게 처리했다.

그런데 그의 학력이 그의 승진을 언제나 가로막았다. 그의 상사는 그의 능력은 인정하지만 그에게 어떤 내색도 하지 않았다. 차츰 그는 자신의 존재가치에 대해서 의구심을 품게 되었다.

마침내 그는 회사에 사표를 던지고 말았다. 그가 직장을 그만두게 된 결정적인 이유는 승진을 하지 못했기 때문이 아니었다. 그의 상사가 자신의 처지를 안타깝게 생각하면서 아예 일을 맡기려 하지 않는다는 사실을 알게 되었기 때문이었다. 만약 그의 상사가 자신의 능력을 확실하게 인정해 주었다면 그는 사표를 내지 않았을 것이다.

인간은 자기를 알아주는 사람을 위해서 죽을 수도 있는 법
이다.

뜻밖의 사실을
칭찬하라

★
★
★

심리학적으로 칭찬은 자신의 새로운 모습과 능력을 깨닫게 하는 작용을 한다. 따라서 칭찬이 거듭되면 그 사람의 능력이 점점 크게 확대된다.

그러나 이러한 칭찬이라 할지라도 언제나 많이 해준다고 해서 좋은 것이 아니다. 특히 우리가 잊기 쉬운 것은 이미 낡아빠진 사실을 똑같이 반복해서 칭찬하고 있다는 것이다.

말하는 사람 입장에서는 새로운 소식이고 처음 하는 칭찬이라고 생각하지만, 칭찬을 받는 사람 입장에서는 귀가 닳도록 들은 사실일 때가 많다.

그러므로 상대는 "또 그 이야기야." 하는 기분을 갖게 된다.

사람들이 흔히 하기 쉬운 칭찬은 그 사람의 최대공약수에 해당하는 칭찬이다. 따라서 상대는 이미 이런 칭찬에 대해 익숙해져 있다.

오히려 이렇게 공개되고 이미 알려진 사실보다 사소하지만 아직 알려지지 않은 부분이나 사실을 지적하는 것이 효과적으로 칭찬하는 요령이다.

어느 한 늙은 장군이 자신의 용맹함에 대해서 칭찬받을 때보다는 자신의 수염에 대한 칭찬을 받았을 때 더 기분 좋았다는 얘기처럼 아직 드러나지 않은 자신의 자랑거리를 지적해주는 상대에게 큰 호감을 갖게 되는 것이다.

'아, 이 사람이 나의 이런 사실도 아는 것을 보니 정말 내게 관심이 있구나.'

이런 생각이 들면서 큰 호의를 갖게 된다.

인간이 지위나 명예에 집착하는 것은 모두 남에게 자신을 과시하고 싶은 욕구에서 비롯된 것이다. 인간은 누구나 자랑하고 싶다는 충동을 갖고 있다. 그렇다고 드러내놓고 자랑하기에는 어딘가 쑥스럽고 부끄럽기 마련이다. 이러한 사람들의 심리를 간파하여 의외의 사실을 지적하면 동기를 부여하려고 할 때 기대 이상의 효과를 얻을 수 있을 것이다.

칭찬은 신선한 화제로, 뜻밖의 사실을 지적할 것. 이것이 효과적인 칭찬의 비결이다.

9

진심으로
칭찬하라

★
★
★

전 LA 다저스 감독 '토미 라소다'를 알고 있습니까?

그는 현역 시절 메이저리그 투수로서는 단 1승도 거두지 못하고 팀에서 방출된 불운한 투수였다. 활짝 펴보지도 못한 야구 선수였던 것이다. 그런 그가 야구팀 매니저로는 발군의 실력을 발휘하여 더블A(3군)와 트리플A(2군)의 팀을 우승으로 이끌었고, 그 결과 메이저리그 감독까지 하게 된 것이었다.

그는 칭찬한다는 것이 단순히 '대단하다'거나 '훌륭하다'는 미사여구를 갖다 붙이는 것이 절대 아니라고 말한다. 대신에 상대가 진심으로 듣고 싶어 하는 말을 해야만 비로소 칭찬이라는 행위가 완결되는 것이라고 강조한다. 따라서 그는 선수를 관찰하는 것과 칭찬의 시행착오를 중요하게 생각했다.

예를 들어 존이라는 선수가 안타를 쳤다고 하자. 그러면 라소다 감독은 이렇게 말한다.

"존, 자네는 천재야!"

그렇지만 존의 표정에는 전혀 변화가 없다. 그저 담담히 "고맙습니다, 감독님." 하고 대꾸할 뿐이다. 아차, 이건 아니다 싶어 다시 고심한다.

얼마 후, 존이 또 안타를 친다. 이번에는 다른 표현을 시도해 본다.

"존, 낮게 들어오는 공을 잘도 올려치는군."

존이 어렴풋이 미소를 흘리자 라소다 감독은 '그래, 이거다.'라고 생각한다.

내가 아는 어떤 기업의 사장은 가끔 이런 말을 한다.

"자네가 칭찬하는 게 좋다고 해서 칭찬을 해봤는데, 왜 그런지 상대방은 '아, 그래요?'라는 듯한 무덤덤한 얼굴을 하더라고……."

칭찬도 하나의 기술이다. 다른 사람을 언제든 자연스럽게 칭찬하는 일이 그렇게 쉬운 일이 아니다. 상대를 자주 보고, 상대가 어떤 생각을 하는지 통찰하고, 어떤 말을 듣고 싶어 하는지를 깊이 생각한 뒤에야 비로소 '칭찬의 말'을 할 수 있는 것이다.

아내든 남편이든, 자식이든 부모든 가족을 한 명 떠올려보자. 상대는 과연 어떤 칭찬의 말을 듣고 싶어 할까? "날마다 아침 일찍 일어나서 밥을 차려줘서 고마워.", "당신과 함께 있으면 편안해지는걸.", "천재야!" 등 최소한 5분 정도는 곰곰이 칭찬할 말에 대해서 생각해 볼 필요가 있다.

부하 직원도 마찬가지다. 그 사람이 가장 듣고 싶어 하는 말은 무엇일까? 만약 그가 그 말을 듣게 되었을 때 당신을 위해서 무엇인가 해주고 싶다고 생각할 만한 그런 말이 과연 무엇일까?

내가 아는 사람 중에 컨설팅 회사의 이사가 있다. 그에게 이 이야기를 했더니, 그는 한 명의 부하 직원에 대해서 진지하게 생각을 해본 적이 있다고 했다. 기대만큼 움직여 주지 않는 그 직원 때문에 그는 밤새도록 고민을 했다. 무슨 말을 어떻게 해야 긍정적인 반응을 이끌어낼 수 있을지 생각에 생각을 거듭했다. 그리고 마침내 어떤 칭찬의 말이 떠올랐다.

"여러 회사에서 유명한 컨설팅 상담사들을 많이 봐 왔네. 자네는 그들과 비교했을 때 결코 뒤지지 않는 잠재력을 갖고 있네. 자네에게 무척 기대하고 있어. 우리 회사의 중추적인 존재가 되어 주길 바라네."

이 말을 나직한 목소리로 그 직원의 눈을 진지하게 응시하면서 진심을 담아 전달했다. 그 후 이 직원은 전혀 딴 사람처럼 변했다고 한다. 보고하는 횟수가 늘어나고 자발적으로 제안도 하고, 그 직원에 대한 고객들의 평가도 몰라보게 좋아졌다고 한다. 이 짧은 칭찬의 한마디에 말이다!

어떤 여자 마라톤 선수를 올림픽 금메달리스트로 키워 낸 감독은 그 선수에게 이렇게 반복해서 말했다고 한다.

"네 발바닥은 마라톤을 하는 데 있어 세계 최고의 발바닥이다. 이 발은 마라톤의 여왕이 될 발이다."

이 선수의 재능을 일찍이 간파한 감독은 이 여선수가 자신에 대한 자신감만 확실하다면 크게 될 것이라는 것을 알고 있었던 것이다. 이러한 칭찬의 말을 선택한 이유였다.

만약 당신이 상대가 가장 듣고 싶어 하는 칭찬의 말을 발견하고 그것을 전달할 수 있다면, 그 사람의 앞에 완전히 다른 세계가 펼쳐질 것이다. 그러나 우선은 관찰과 시행착오, 연습이 필요하다.

part 09

더욱 더 힘을 내게 하는
격려의 기술

–
the
great
power
of
praise
–

1

경쟁 심리를
자극하라

★
★
★

인간은 끝없이 경쟁을 하면서 삶을 영위한다. 타인과의 끊임없는 경쟁이다. 그래서 인간은 누구나 경쟁 욕구가 있고, 또 그 경쟁 욕구가 작용하여 승리하고자 하는 집념이 생기는 것이다. 상대의 능력을 신장시키기 위해서는 이러한 경쟁 욕구를 자극하여 '더 잘해 보겠다'는 의욕을 불러일으켜야 한다.

그래서 라이벌이라고 하는 적은 오히려 능력을 키우는 데 도움이 되기도 하는 존재이다. "라이벌 없는 정치가나 사업가가 크게 성공한 예가 없다."는 말이 있다. 정치가는 정적이 있어야 성장할 수 있고, 사업가도 경쟁 회사가 있어야 더욱 발전할 수 있다는 이야기다.

찰스 슈왑은 이렇게 말했다.

"능률 향상의 길은 경쟁심을 자극시키는 데 있다. 이익에 눈이 먼 그런 경쟁이 아닌 명예의 경쟁을 부추겨야 한다."

그는 이 방법을 자신의 공장 직원들에게 사용하였다. 그의 공장 직원들은 주야로 교대하면서 근무했는데, 직원들의 생산 능률이 떨어져 고민하던 중이었다.

그래서 그는 한 가지 방법을 생각해 냈다. 우선 주간 근무자들이 그날의 실적을 보고하면 모든 사람들이 쉽게 볼 수 있는 위치에 그것을 숫자로 적어서 표시했다. 예를 들어 60이라는 실적을 내면 60이라고 적었던 것이다. 그리하여 야간 근무자들이 교대하고 들어설 때 주간 근무자들의 실적을 볼 수 있게 하였고 반대로 주간 근무자들은 야간 근무자들의 실적을 볼 수 있게 하였다. 이렇게 많은 실적을 올리도록 경쟁심을 자극하였더니, 오래 가지 않아서 그 숫자가 100을 가리키게 되었다고 한다.

세상은 크고 작은 경쟁으로 성장하고 발전해 나아간다. 그 중에서도 명예에 대한 경쟁심은 정신적으로 굉장히 큰 영향력을 행사하여 사람들이 더욱 큰 뜻을 품을 수 있게 한다.

최대의 인내력을 겨루는 마라톤 경기에서도 선두 주자는 가장 외롭다고 한다. 2위로 달리는 선수는 1위를 앞서 나가려고 힘을 낼 수 있지만 선두에서 달리는 선수는 앞서 나갈 사람이 없기 때문에 심리적으로 불안하다는 것이다.

인생도 마라톤과 같다. 길고 긴 한 평생의 삶은 그 자체가 마라톤 경기를 방불케 한다. 인생에서도 앞서 나갈 경쟁자가 없다면 그 인생은 외롭고 불안해진다. 인간은 숙명적으로 경쟁 심리의 자극을 피할 수 없는 존재이다.

2

기회는 단 한 번뿐임을
강조하라

★
★
★

한나라의 유방이 중국을 통일하고 황제가 되기 2년 전의 일이다. 한나라의 장군 한신은 위나라를 무찌른 여세를 몰아 조나라로 진격하였다. 그때 조나라에서는 정경이라는 곳에 20만의 군사를 집결시켜 만반의 대비를 하고 있었다. 한신은 정경 근처에 도착하여 몇 가지 계책을 생각해 냈다. 우선 강물을 뒤에 두고 아군 군사들을 배치한 뒤에, 적들을 모두 유인하여 성 밖으로 끌어낸 다음 빈 성을 공략하는 작전이었다.

조나라에서 살펴보니 한신의 군대가 어리석게도 강물을 뒤에 두고 있었다. 조나라는 가소롭게 생각한 나머지 군사들을 총동원하여 성 밖으로 나가 공격을 개시하였다. 그러자 한신은 걱정하는 휘하 장졸들에게 말했다.

"병서에 보면 자신을 사경에 빠뜨려야 비로소 살아날 수 있다고 했다. 내가 취한 이 방법도 그런 것이다. 살려면 오직 한 길밖에 없다. 여기에서 살아 나갈 길은 단 하나, 적을 모두 무찌르는 것이다."

한신의 강경한 말을 들은 부하들은 죽기를 무릅쓰고 싸웠고, 조나라의 20만 군대가 파죽지세로 격퇴되고 말았다. 기회는 단 한 번뿐임을 장졸들에게 강조하여 강렬한 용기를 불러일으켰던 것이다. 이 이야기는 '배수의 진'이라고 해서 최후에 전력을 다하는 것을 이르는 말로 쓰이고 있다.

이처럼 격려와 조언으로 의욕은 생겼지만 아직 성공할 용기까지는 가지지 못한 상대에게 기회가 단 한 번뿐임을 강조하면 용기를 불어넣을 수 있다.

적의 탱크를 눈앞에 두고 일곱 명의 병사가 죽음의 공포에 휩싸였다. 힘든 전투 끝에 간신히 탈출로를 찾았다고 생각했지만 앞에서 들리는 육중한 적 탱크의 캐터필러 소리에 심장이 멎는 듯했다. 소대장은 대전차포가 몇 발 남았는지 확인시켰다. 8발, 충분했다. 그는 마음을 놓고 포수에게 공격을 명령했다. 포수는 여덟 발의 포탄을 믿는다는 듯이 호기롭게 탱크를 겨냥했다. 그러나 불행히도 마지막 한 발을 남겨둔 채 포탄이 모두 빗나가고 말았다. 포수는 당황했고 나머지 병사들도 탱크에서 쏘아대는 기관총 때문에 감히 나서질 못하는 긴박한 상황이었다. 소대장은 버럭 소리를 질렀다.

"마지막 한 발이다. 그것마저 실패하면 전부 수류탄으로 자폭이다!"

포수는 정신이 번쩍 들었는지 겨냥에 겨냥을 거듭했다. 마침내 마지막 포탄이 육중한 탱크를 그대로 잠재웠다.

기회가 마지막 한 번뿐이라는 것을 강조하면 상상 외의 강력한 용기를 갖게 할 수 있다.

자세를 낮춰
부탁을 한다

★
★
★

"학생과 교수 사이에 대화가 부족하다."는 말은 오래 전부터 대학가의 문제로 인식되어 왔다. 학생들에게 교수님이라고 하면 무섭고 어딘가 보수적인 이미지로 받아들여지는 것이 보통이기 때문이다.

그런데 '현대 소설론'을 강의하는 한 교수는 학생들에게 절대적인 인기를 얻고 있었다. 그 교수는 강의실에 들어오면 우선 칠판에 그 날의 강의 주제를 가득 적는다. 그리고 학생들이 열심히 받아쓰는 동안 아주 자연스런 표정으로 "누구 생수 갖고 계신 분?"이라고 말하면서 학생들에게 도움을 청한다.

원래 인기가 있다는 이유도 있었지만 교수와 학생이라는 형식적인 관계를 염두에 두지 않고, 게다가 40년의 연령차를 무색케 하는 교수의 요구는 학생들에게 "내가 드려야지." 하는 분발과 충동을 불러일으키기에 충분했다.

이와 같이 상대에게 부탁할 일이 있을 때 정중히 말하면 열이면 열 모두 다 도움을 주고자 한다. 물론 이 경우 부탁을 하는 사람이 사회적인 지위가 더 높거나 연령이 더 높아야 한다는 현실적인 조건을 만족시켜야 된다.

하위에 있는 사람은 상위에 있는 사람에게 항상 열등감을 갖고 있다. 그래서 자신보다 상위의 사람이 도움을 요청할 경우, 이것을 도와주면서 자신을 돋보이게 하는 기회로 삼으려고 한다. 한편으로는 상위의 사람이 못하는 일을 하위에 있는 사람이 수행함으로써 순간적이나마 상하를 역전시키려는 심리도 작용하는 것이다.

그러나 현실을 보면, 윗사람과 아랫사람의 관계가 봉건제도 아래의 왕과 신하의 관계처럼 너무 경직된 경우가 많다. 윗사람은 자신의 '말투'를 깊게 의식하지 않고 아랫사람에게 자신의 약점이 노출되는 듯한 말투도 사용할 줄 모른다. 직장에서 인간관계가 안 좋을 때, 대부분의 사람들에게서 발견되는 중요한 이유 중의 하나가 잘못된 말투와 언어의 선택이다.

아랫사람에게 있어 윗사람의 말투는 그 영향력이 무척 크다. 아랫사람의 분발을 촉구하려면 그 사람에게 자신보다 우위에 설 수 있다는 감정을 불러일으키는 말씨를 사용해야 한다. 순간적이나마 사회적인 위치를 역전시켜 상대의 만족감을 유도하는 것이다. 사람은 누구나 열등감이 우월감으로 변할 때 분발하게 되므로 자세를 낮추고 정중하게 부탁하면 상대는 분발하게 될 것이다.

4

자신을 객관적인 입장에서
볼 수 있게 한다

★
★
★

우리들은 어떻게 해서 열등감을 느끼게 되는 것일까? 이 질문에 대해서 생각을 해보면 대부분의 사람들이 열등감을 느낄 때 자기 스스로가 그것을 인식하고 느끼게 되는 것이 아니라는 것을 알 수 있다. 타인의 지적이나 평가 때문이라는 것을 부인하지 못할 것이다.

처음에는 상대와 대면하고 있을 때 그렇게 심한 열등감을 느끼지 못했는데, 상대가 나의 약점이나 무능한 점을 지적한 뒤에는 대화를 할 용기도 없어지고 의욕도 감퇴되는 것이다. 특히 의지가 약하고 자신을 세밀히 관찰할 능력이 없는 사람들은 더 쉽게 열등감을 느끼게 된다.

전자제품 회사에 다니는 A는 회사 동료들과 대화가 없고 인간관계도 원만하지가 않았다. A는 학교에서의 성적도 우수한 편이었고, 회사의 입사시험에서도 상위에 합격했던 머리가 좋은 청년이었다.

어릴 때 그는 놀이터에서 그네를 타고 놀다가 떨어져 다리를 약간 다친 적이 있었다. 심한 것은 아니어서 뛰어갈 때나 눈에 띌까 말까한 정도로 미미한 것이었지만 A의 친구들은 "저 녀석은 머리도 좋고 성격도 좋은데, 다리가 저렇게 되었으니 크게 되기는 틀렸어."라며 동정 반, 빈정 반으로 놀려댔다. 이 말이 오랫동안 그의 머리 속에서 떠나지 않았다. 열등감을 느끼게 되었고 사람들을 상대하기가 꺼려지게 되었다.

그래서 나는 그에게 조언을 해주었다. 스스로 다리가 크게 불편하다고 느낀 적은 없었을 것이고, 다른 사람보다 뛰어난 장점만을 생각하고 다른 사람보다 우월한 점이 많다고 생각하면 전보다 말수도 늘고 명랑해질 것이라고 말해주었다. 그 역시 내 말에 동의했다. 그 자신도 자신의 다리 부상이 그렇게 심하다고는 생각하지 않는데, 주위 사람들의 눈총 때문에 더 심한 결점으로 인식하고 있었다고 이야기하였다.

오랜 기간 동안 다른 사람으로부터 결점을 지적받게 되면 열등감이 쌓여서 성격이 삐뚤어지기 쉽다. 주위에서 들리는 부정적인 말에 개의치 않는 대담성이 A에겐 필요했던 것이다. 이럴 때는 자신을 다른 사람들과 동등하게 놓고 객관적으로 바라보면 된다.

더 효과적인 방법은 열등감의 원인을 추적하여 해결하는 것이다. 우선 무엇 때문에 열등하다는 소리를 듣는지 파악하고, 어떤 사람으로부터 그런 평가를 받았는지 회상한 뒤에 객관적인 입장에서 자신의 장점과 단점을 생각해보면 열등감을 해소하는 데 도움이 된다.

5

노이로제는
정감적으로 다루어라

★
★
★

다른 사람들에게 비협조적이고, 사람들과 접촉하는 것을 꺼리는 사람들은 대부분 일종의 노이로제 환자들이다. 어떤 구체적인 증세가 있지 않더라도, 일단 사람들과 접촉하는 것을 꺼리고 비협조적인 사람이라면 나름대로 어떤 증오의 감정, 즉 불신의 선입견을 가진 사람이라고 할 수 있다. 인간이 인간을 증오하게 되면 자신의 존재도 부정하게 되어서 결국 삶의 의욕을 잃고 무기력함을 초래하는 경우가 있다.

이러한 상대를 격려하고 분발시키기 위해서는 직설적이거나 논리적인 형태의 말을 하면 효과가 없다. 효과가 없다기보다는 오히려 악영향을 미치게 된다.

상대가 어떤 원인에 의해서 노이로제에 사로잡히게 되었는가를 먼저 살핀 뒤에 노이로제로부터 빠져나오게 하는 것이 순서다. 몇 가지 실례를 통해서, 이러한 상대를 설득시키고 분발하게 만든 방법은 상대와 가깝고 밀접한 관계 속에서 인간적인 애정을 심어주었다는 것으로 귀결된다.

사람에 대한 애정을 갖게 하는 것이다. 그러나 이런 사람들도 인간적인 우호의 감정이 원래부터 존재하지 않았던 것은 아니다. 태어날 때부터 지니고 있었으나 어떤 특별한 계기로 인하여 상실되고 잊은 것을 진심으로 협력하여 되찾게 해주는 것이다.

T라는 건설회사에 N이라는 엔지니어가 있었다. 그는 거대한 크레인을 가동시키는 기계실에서 일했는데, 성격이 아주 비협조적이어서 입사 초부터 동료가 사소한 부탁을 하여도 듣는 둥 마는 둥 하는 일이 많았다. 그리고 사소한 실수를 하는 일도 있어서 상사들은 그를 팀에서 빼려고도 하였다. 그러나 팀 관리자 측에서 이를 막무가내로 만류하는 것이었다.

N의 기술이 워낙 뛰어나고 간혹 작은 실수를 저지르기는 하지만 그 정도의 실수는 다른 엔지니어에 비하면 미미한 것이었다. 또 그가 빠지면 회사에 막대한 손실을 초래할 정도로 기술적인 측면에서는 뛰어난 엘리트였기 때문이었다.

결국 그의 직계 상사가 그의 집을 찾아가 무려 3개월간을 함께 생활하며 그를 관찰하기 시작했다. 그는 인간 불신의 노이로제에 아주 깊이 빠져 있었다. 그 원인도 대단한 것이 아닌 실연 때문이었다. 석 달 동안 인간적인 관심과 애정을 바탕으로 그를 설득해서 정신적인 안정을 되찾게 해 주었으며, 더욱 훌륭한 엔지니어로 성공할 수 있는 길을 열어 주었다.

6

양자택일을
시켜라

★
★
★

누구나 둘 중에 어느 것을 선택하는가에 따라서 생과 사가 갈리는 극한 상황에 놓이게 되면 둘 중 하나에 승부를 걸고 결단을 내리지 않으면 안 된다.

입학시험에 떨어진 학생, 사업에 실패해 파산한 사업가, 재해로 한 해의 농사를 그르친 농부 등 실패를 맛본 사람들은 모두 절망과 좌절의 고통을 받기 마련이다.

이렇게 절망에 빠진 사람을 격려할 때는 양자택일을 이용한다. 이 기회에 아주 단념해 버리고 말든지, 아니면 더욱 분발하는 자신감을 갖든지 두 가지 중에 하나를 선택하여 처신하라고 이르는 것이다. 그러면 대개의 경우 무기력하게 그냥 주저앉지 않고 다시 한 번 부딪쳐 보겠다고 마음먹는다.

기복이 없었던 승리는 값어치가 없고, 고통없이 얻어진 기쁨은 그리 즐거운 것이 아니다. 사람은 살다보면 괴로운 시련을 숱하게 접하게 된다. 한 고개를 넘어서면 또 다른 고개가 기다리는 시련의 연속이다. 이를 극복하지 못하고 좌절하는 사람은 인생의 뒷골목만을 헤매게 될 것이다.

"자유가 아니면 죽음을 달라."고 외친 패트릭 헨리는 자유를 최선의 선택으로 판단하였고, 알프스를 넘던 나폴레옹은 넘을 것인가 포기할 것인가의 선택 중에서 "내 사전에 불가능이란 없다."라고 외치며 넘는 것을 선택했다. 하지만 우리 주변에서 실의에 빠져 있는 사람들은 선택의 갈림길에서 방황할 뿐 자기 스스로 결정하지 못하고 있다.

이러한 때에 "더 좋아지는 방법을 선택하지 않는다면 죽음뿐이다."라는 극단적인 명제를 주면 어느 사람이라도 죽음보다는 차라리 한 번 더 부딪쳐 보고 싶은 마음이 생긴다.

우유부단한 햄릿은 삶과 죽음의 기로에서 어느 한쪽을 선택할 능력이 없어 번민을 했지만 우리들은 어느 한쪽을 확실하게 선택해야 한다. 분발을 재촉하려고 할 때에도 상대에게 생과 사의 선택권을 부여할 수 있다면 가장 효과적인 격려의 방법이 될 것이다.

칠전팔기의 대명사로 불리는 닉슨 전 대통령도 60년 대통령 선거와 62년 주지사 선거에서 연패하며 절망에 빠졌을 때, 그대로 침몰하는 것보다는 상처투성이의 배를 혼신의 힘으로 이끌고 가는 것을 선택했고, 마침내 68년 대통령에 당선되었던 것이다.

욕망을 부채질하여
불붙게 하라

★
★
★

　사람들이 행동하는 가장 근본적인 요인은 욕망을 실현시키고자 하는 것이다. 땅 위의 모든 만물이 원인과 결과라는 필연에 의해서 움직이는 것처럼 사람들의 모든 활동도 어떠한 원인으로 일어나는 것이다. 결국 우리들이 행하는 의식적이고 계획적인 행동은 모두 욕망에 의해서 일어나는 것이라고 할 수 있다.

　우리들은 밤낮으로 매 순간 어떤 종류의 욕망을 느끼며 산다. 사람들의 이러한 욕망들에 대해서 잘 알면 알수록 다른 사람들을 관찰하는 능력도 향상되고, 대화를 통해서 그 욕망을 부채질할 수 있는 힘도 지니게 된다.

　사람들은 욕망을 통해서 얻어진 결과물보다 욕망을 갖는다는 그 자체에 쾌감을 느낀다. 에머슨은 그가 쓴 〈인생 중의 행동〉에서 "욕망은 소유라고 하는 코트로는 덮을 수 없는 점점 더 커지는 거대한 존재다."라고 말하며 인간이 욕망의 포로라는 것을 시사했다.

중국인 유종원의 〈유종원집〉에 다음과 같은 이야기가 있다.

마을 사람들이 아주 오래된 나룻배를 타고 강을 건너고 있었는데, 배가 강의 중간쯤 오자 갑자기 배에 구멍이 나고 물이 들어와 배가 가라앉게 되었다. 그래서 사람들은 모두 배를 버리고 강물에 뛰어들었다. 모두들 헤엄쳐 강기슭에 닿았지만 오직 한 사람이 강에 빠진 채로 허우적대고 있었다. 마을 사람들이 그 사람을 향해 외쳤다.

"이봐 어떻게 된 거야! 자넨 우리 마을에서 제일 헤엄을 잘 치지 않나?"

"엽전을 천 개나 갖고 있어. 그래서 헤엄치기가 어렵네."

그러자 마을 사람들이 이구동성으로 말했다.

"엽전을 버리고 몸을 가볍게 해서 헤엄쳐 오게!"

그러나 사내는 계속 물속에서 허우적거릴 뿐이었다. 마을 사람들은 애가 타서 외쳤다.

"목숨보다 엽전이 중한가? 빨리 버리지 않으면 물에 빠져 죽어!"

그러나 사내는 머리를 흔들더니 이윽고 가라앉아 버렸다.

사람의 모든 행동은 욕망에서 비롯된다. 따라서 다른 사람을 분발시키려면 격렬한 욕망의 불꽃을 심어주어야 한다.

위대해지고 싶다, 남보다 우위에 서서 자기의 존재를 과시해보고 싶다고 하는 욕망이야말로 인간의 본능이며 분발을 재촉하는 자극제인 것이다.

신뢰하고 싶은 충동을
활용하라

★
★ ★
★

　남자든 여자든 누구든지 미움받는 것을 좋아하는 사람은 없다. 그러나 실생활에서는 자신이 잘못하고 있음을 스스로 알면서도, 그로 인해서 남들에게 미움을 받는다는 것을 알면서도, 그 모순 속에서 자기 자신을 해방시킬 줄 모르는 사람들이 무척이나 많다. 인간 사회의 실질적인 고민이란 바로 이런 것이다.

　흔히 다루기 어렵거나 반항적인 기질이 있는 사람이라고 해서 평범한 사람과 크게 다른 것은 아니다.

　이들도 다른 사람들에게 인정받고 싶어 한다는 것은 같다. 따라서 호의적으로 대해주면 오히려 더욱 긴밀한 유대를 맺을 수도 있는 것이다. 어려운 난관에 부딪혀 불안에 떨고 있는 사람들도 마찬가지다. 난관에 부딪치면 의욕이 감퇴되고 쓸데없는 불평이 늘어나며 사람들과의 관계도 나빠지게 된다.

이런 처지의 사람들을 격려하려면 신뢰하고 싶은 충동을 이용해야 한다.

나의 대학 동창으로 G라는 친구가 있다. 그는 일찍이 대학교 4학년 때부터 사업을 시작해서 기업에 비품을 납품하는 자질구레한 일부터 일약 몇 년 사이에 큰 사업을 하게 된 사업의 천재였다.

그의 성공에 별다른 비결이 있었던 것은 아니다. 납품을 의뢰하러 온 고객이 품질에 대해서 좋으니 나쁘니 하면서 물어보더라도 그는 고개를 끄덕이며 긍정을 하였다. 꼬치꼬치 불필요한 결점을 지적하는 사람들은 대개 심리적으로 불안하다는 것을 알고, 개인적인 문제를 털어놓더라도 적극적으로 고민거리에 대해 이야기하면서 그를 도와주었다.

이렇게 행동했기 때문에 그와 관계를 맺은 구매자들은 한결같이 그에게 친구 이상의 친밀감을 느끼게 되었고, 물건의 품질에 대해서도 언제나 허심탄회하게 말할 수 있었기 때문에 사업이 날로 번창하게 되었던 것이다.

역설적인 말이지만 까다로운 상대일수록 마음을 붙잡기가 쉽다는 사실을 알아야 한다. 예를 들어 극도로 의심이 많은 사람은 어렵고 까다롭다는 이유로 사람들이 기피하게 되고, 끝내 그 사람은 외로운 처지에 놓이게 된다. 때문에 의심하는 심리 그 이면에는 오히려 무엇이든지 신용하고 싶다는 반발적 심리가 잠재해 있기 마련이다. 이러한 사람들에게는 대담하고 자신 있는 태도로 임해야 되며, 그의 의심증을 풀어주면 호의를 보이면서 더욱 적극적으로 행동하게 된다.

part 10

칭찬을
능숙하게 하려면

–
the
great
power
of
praise
–

마음의 여유를
가져라

★
☆
★

그렇다면 칭찬에 능숙해지려면 어떻게 해야 할까?

우선은 느긋한 마음을 가지고 상대를 바라볼 수 있는 마음의 여유를 가져야 한다.

상대방의 언행, 모습, 태도, 학문, 성격, 일하는 능력, 업적 등에 대해서 자세히 살필 수 있는 마음의 여유가 있어야 한다.

자신이 초조하거나 어떤 일로 신경이 날카로운 때에는 결코 다른 사람을 칭찬할 수가 없다.

자신의 마음이 부드러울 때에만 다른 사람도 부드럽게 대할 수 있다.

불안과 공포의 감정은 흥분을 야기시켜서 그 사람이 가지고 있는 상상력을 발휘하지 못하게 한다. 이럴 때에는 의식적으로 여유 있는 태도를 취하면 의외로 감정이 누그러지는 것을 경험하게 될 것이다.

마음의 문을 활짝 열고 상대방의 이야기를 조용히 들을 수 있다는 것은 인간의 위대한 능력 중의 하나이다.

서울의 모 백화점에서 일어난 일이다.

한 할머니가 가구를 진열해 놓은 곳에 있는 흔들의자에 올라가 잠시 쉰다는 것이 그만 잠이 들고 말았다.

그러자 판매사원은 그 할머니를 깨우기는커녕 행인들이 지나가는 통로에 "주무시는 중이니 조용히 해주십시오."라는 팻말까지 써 붙였다. 그 할머니는 약 한 시간 동안 잠을 자고 기분 좋게 일어났는데, 놀라운 사실은 그 할머니가 주무시는 동안에 그 흔들의자가 6개나 판매되었다는 것이었다. 흔들의자의 안락함에 대한 설명으로 할머니가 주무시는 모습만큼 좋은 것이 없었던 것이다.

상대방을 칭찬하려면 마음에 여유가 있어야 한다. 마음에 여유가 있을 때 바람직한 말과 행동이 나오게 되는 것이다. 좋은 칭찬은 마음의 여유에서 나오는 것이다.

칭찬하려고
노력하라

★
★
★

유대인들의 경전이며, 지혜의 샘인 〈탈무드〉에 이런 글이
있다.

"남을 칭찬할 수 있는 사람이야말로 정말 칭찬받을 만한 사
람이다."

우리가 남을 능숙하게 칭찬할 수 있을 때, 우리들도 비로소
남의 칭찬을 받게 된다는 이야기다. 그런데 칭찬을 능숙하게
하기 위해서는 노력을 해야 한다. 하루아침에 만리장성을 쌓
을 수 없듯이 칭찬도 계속해서 생각하고 연구를 해야 한다.

생각하기에 따라서 얼마든지 칭찬할 수 있다.

하지만 사람들이 칭찬에 인색하고, 또 칭찬하려고 노력하지
않는 것은 제대로 칭찬을 받아보지 못했기 때문이다. 그러므

로 우선 자신을 칭찬해서 칭찬할 수 있는 자신의 잠재능력을 끄집어내려는 노력을 해야 한다. 자신에 대한 생각이 변하면 인간관계도 변하기 마련이다.

칭찬을 능숙하게 하기 위해서는 다음과 같은 노력이 필요하다.

☑ 한 가지씩 스스로를 칭찬해본다.
☑ 칭찬하는 말을 자주 사용한다.
☑ 칭찬하는 메일을 자주 보낸다.
☑ 칭찬하는 전화를 자주 건다.
☑ 칭찬하는 문자를 자주 보낸다.

이렇게 의도적으로 칭찬하려고 노력하면 다른 사람을 비난하는 마음에서 벗어날 수 있고, 지금까지 보지 못했던 장점도 발견하게 된다.

이렇게 칭찬을 자주 함으로써 가정과 기업, 그리고 사회의 분위기가 바뀌는 것이다.

칭찬을 잘 하려면 칭찬을 즐겨야 한다. 무슨 일이나 노력하는 사람은 그것을 좋아하는 사람을 따를 수 없고, 좋아하는 사람은 그것을 즐기는 사람을 따를 수 없다.

칭찬에 능숙해지기 위해서 칭찬을 즐겨보자.

긍정적인 사고를
가져라

★
★
★

사람은 누구나 칭찬받는 것을 좋아한다. 그러나 "칭찬하는 손이 열 명이면, 욕하는 입이 백 명이다."라는 속담이 있듯이, 세상에는 칭찬하는 사람들보다 비난하는 사람들이 훨씬 더 많다.

이것은 우리가 칭찬보다는 비난과 질책을 더 많이 받으면서 살아왔기 때문이다. 이런 환경에서는 남이 나보다 잘되면 기뻐하기보다는 트집을 잡게 된다. 이것은 열등감에서 오는 인간의 본능이라고 할 수 있다. 이런 열등감에서 벗어나려면 긍정적인 사고를 갖는 길밖에 없다.

칭찬의 길로 들어서면 희망이 보인다.

그런데 사람들이 칭찬을 잘 하지 않는 또 다른 이유는 "겸손이 미덕이다."라는 고정관념에 사로잡혀 있기 때문이다.

상대방에게 좋은 칭찬거리가 있어도 잘못 칭찬했다가 주변 사람들에게 미움을 받거나 망신이라도 당할 것 같은 두려움과 가만히 있으면 중간이라는 생각에 그냥 지나가 버린다.

그렇지만 "지나친 겸손은 겸손이 아니라 자만이다."라는 말처럼 칭찬하는 것에 겸손을 따지는 것은 참된 겸손이 아니다.

지금은 자기표현의 시대이다. 자신의 의사를 적극적으로 표현하며, 상대의 장점도 때에 맞춰 적극적으로 칭찬할 수 있어야 한다.

4

상대방에 대한
경계심을 갖지 말라

★
★
★

　서양 속담에 "바보도 칭찬을 해라. 그러면 쓸모 있는 인간이 된다."라는 말이 있다. 바보나 못난 사람도 칭찬으로 자극하고 격려해 주면 유능한 인간이 될 수 있다는 뜻이다. 실제로 아인슈타인의 어머니는 바보로 손가락질 받던 그를 칭찬으로 격려하고 가르쳐 천재적인 과학자로 만들었다.

　이렇게 효과가 좋은 칭찬을 우리가 잘 활용하지 못하는 이유 중에 하나가 상대방에 대한 경계심 때문이다.

　"내가 이렇게 칭찬을 하면 상대는 어떻게 생각할까?"

　"내 칭찬에 상대방이 비웃지는 않을까?"

　"상대방은 이미 저렇게 기뻐하고 있는데 내가 칭찬해 봤자 소용이 있을까?"

이런 경계심을 마음속에 품고 있기 때문에 제대로 칭찬을 하지 못하는 것이다.

마음은 제대로 쓰면 자신의 성*이 될 수도 있고, 반면에 잘못 쓰면 감옥이 될 수도 있는 것이다.

상대방을 진심으로 기쁘게 해주겠다는 마음을 먹었다면 미리부터 마음속으로 경계하는 자세를 버려야 한다.

상대방에게 좋은 인상을 남기고 싶다면 우선 당신의 호의를 상대방에게 보여 주어야만 한다.

인간관계는 상대성이 작용한다. 당신이 상대방에게 좋은 감정을 표현하면 상대방도 당신에 대해서 좋은 감정을 나타낼 것이다.

즉 당신이 마음의 문을 열게 되면, 상대방도 이에 응하여 마음의 문을 열어줄 수 있는 것이다.

쌓아놓은 경계의 벽을 허물고 마음의 문을 열어야 한다. 툭 터놓고 하는 한마디가 서로 간의 간격을 좁히는 촉매제가 된다.

쓸데없는 경계심들을 버리고 칭찬의 문을 두드려 보자.

5

칭찬을
잘하는 요령

★
★
★

미국의 심리학자 로버트 콩클린 박사가 말했다.

"칭찬하는 말은 마음 깊은 곳을 뒤흔듭니다. 마음을 풍요롭게 하며, 기쁨을 주고, 마음을 따뜻하게 합니다."

인간의 마음을 뒤흔드는 칭찬도 말을 엮어서, 말을 통해서 해야만 한다.

인간의 심리란 참으로 묘한 것이어서 작은 말투나 말씨의 차이만으로도 반응이 크게 달라진다. 가령 말투가 공손하면 상대방도 마음이 신중해지고, 터놓고 이야기하면 상대방도 허물없이 나오게 된다.

칭찬은 "무엇을 말할 것인가? 또는 무엇을 전달할 것인가?"라는 내용만으로는 충분하지 않고 "어떻게 표현하고 전달할 것인가?"도 중요하다.

  칭찬하는 말 뒤에는 칭찬하는 얼굴이 있어야 하고, 또 그 안에는 칭찬하는 마음이 있어야 한다.

  그리고 "나도 사람, 너도 사람."이라는 생각이 마음속에 있어야 한다.

  칭찬을 할 때의 요령은 다음과 같다.

> ☑ 듣는 사람의 입장에서 말해야 한다.
> ☑ 칭찬의 이유를 구체적으로 말해야 한다.
> ☑ 자연스럽고 활기차게 말해야 한다.
> ☑ 상대방에게서 시선을 떼지 말아야 한다.
> ☑ 멋진 제스처를 활용한다.
> ☑ 속어나 비어는 사용하지 않고 품위 있는 말을 사용해야 한다.
> ☑ 칭찬과 어울리는 적절한 유머를 사용한다.
> ☑ 상대방과의 거리는 40cm 정도를 유지하는 것이 좋다.
> ☑ 기승전결을 사용한다.

part 11

칭찬은 가정에서부터
시작되어야 한다

–
the
great
power
of
praise
–

아내를 칭찬하는
효과적인 방법

★
★
★

　당신은 이 세상에서 제일 가까운 아내를 칭찬해 본 일이 있는가? 또 얼마나 자주, 어떻게 칭찬하는가?

　아내에 대한 칭찬이라고 하면 모두들 특별한 때에만 하는 것으로 생각한다. 음식을 아주 잘 했거나, 손재주가 좋다거나 또는 대단한 희생을 치렀을 경우에만 칭찬하는 것으로 생각한다. 또는 부부 사이에 웬 칭찬이냐고 생각하는 사람들도 있을 것이다.

　이는 한참 잘못된 생각이다.

　칭찬은 가정에서부터 시작되어야 한다.

　가정을 행복하게 만드는 첫 번째 길이 칭찬인 것이다. 또한 남편의 하찮은 칭찬 한마디가 아내에게 생명력을 불어넣어 주기도 한다.

그래서 남편들은 아내의 음식 솜씨부터 시작해서 사소한 일들까지 칭찬하는 버릇을 몸에 익혀야 한다.

칭찬은 일종의 선물이라고 하지 않는가? 오늘 가정의 행복을 위하여 아내에게 칭찬을 선물해 보자.

모 방송국의 라디오 프로그램에서 '아내를 기쁘게 했던 남편의 말 한마디'를 조사했는데 그 내용을 보면 다음과 같다.

> 5위 : (드라마를 함께 보다가 여 주인공을 보면서)
>   당신이 더 예쁜데.
> 4위 : 당신이 최고야!
> 3위 : 정말 고마워!
> 2위 : 고생했어, 여보!
> 1위 : 사랑해!

칭찬거리는 찾으려 하면 얼마든지 있다. 보통 아내들의 소박한 꿈은 영화처럼 거창하고 화려하게 살고 싶은 것이 아니다. 다만 남편에게서 칭찬을 들을 수 있는 행복한 가정에서 살고 싶은 것일 뿐이다.

남편에 대한
칭찬

★
★
★

어떤 부부들의 모임에서 부부금실의 묘약으로 10가지 실천 사항을 제시했는데 그 첫 번째가 "칭찬과 격려의 말을 입버릇처럼 하라."였다.

"당신 생각이 옳아요."

"당신 옷차림이 잘 어울리네요."

"당신과 있으니까 좋아요."

"당신 멋쟁이야."

이런 식의 칭찬하는 말은 많을수록 좋은 것이다.

사람은 누구나 자신의 가치를 인정받고 사랑받을 때 뿌듯한 기쁨을 느낀다.

자동차 왕으로 불리는 헨리 포드는 자동차를 발명하겠다는 큰 야심을 품고 발명에 착수했다.

그러나 그는 오랫동안 자동차 발명의 돌파구를 찾지 못하고 고통스러운 나날을 보내고 있었다. 그는 계속되는 실패로 자신감을 잃어가고 있었으며 마지막으로 남은 그의 집마저 팔지 않으면 안 될 지경에 이르렀다.

그때 그의 아내 클라라 포드는 남편의 손을 붙들고 말했다.

"다시 해보세요. 언제까지라도 함께 하겠어요."

남편에 대한 아내의 격려가 실의에 빠질 뻔했던 남편을 다시 일으켜 세웠다. 이러한 부인도 세계적인 위인인 것이다.

그래서 미국 디트로이트시의 포드 기념관에는 포드와 그의 아내 사진이 걸려 있고 그 사진 아래에는 이런 글이 적혀 있다.

"포드는 꿈꾸는 자이고, 그의 아내는 믿음의 사람이다."

아내는 남편을 칭찬해 주어야 한다.

하루에 한 번, 아니 열 번이라도 반드시 남편을 칭찬해 주어야 한다.

"난 당신과 결혼해서 참 행복해요."

"당신이 역시 최고야."

"이웃집 남자와 비교해도 당신이 더 멋져요"

"당신과 결혼하기를 참 잘했어요."

아내로부터 이런 칭찬의 말을 듣는 남편은 결코 용기를 잃고 좌절하는 일이 없을 것이다. 결국 이런 칭찬의 말들이 남편의 성공과 가정의 행복을 가져오는 것이다. 결혼 생활은 결국 긴 대화의 연속이라고 할 수 있다. 이런 긴 대화 속에 칭찬이 없다면 무척이나 힘 빠지고 의욕도 생기지 않을 것이다.

part 12

효과적인
자녀 칭찬 기술

—
the
great
power
of
praise
—

칭찬이 자녀를
더욱 강하게 만든다

★
★
★

부모가 자녀들을 교육하는 방법에는 여러 가지 방법이 있을 수 있다.

그 중에서도 칭찬으로 하는 교육은 자녀의 자립심과 적극성을 키워주는 장점을 가지고 있다.

그러면 자녀를 칭찬으로 가르치려면 어떻게 해야 할까?

우선 자녀가 잘한다고 생각하는 항목들을 노트에 적어본다. 그리고 각 항목들에 잘한다고 생각하는 중요한 이유도 함께 기록한다.

자녀에게 칭찬을 많이 해주기 위해서는 우선 자녀에게 잘할 기회를 많이 주어야 한다. 그리고 자녀가 쉽게 할 수 있는 일이어야 한다. 자녀가 제대로 하지 못할 일을 맡기는 것은 아무런 의미가 없다. 칭찬할 수 있는 기회가 없을 뿐만 아니라 오히려 심적 부담감만 주게 된다.

칭찬을 하기 위한 전제 조건은 아무리 작은 일이라도 성공적으로 실천해내는 것이다. 물론 실패를 했더라도 열심히 노력했다고 말해줄 수는 있지만, 그 깊은 뜻을 이해하기에는 자녀들이 아직 미숙하다는 것을 알아야 한다.

따라서 쉬운 과제부터 시작하는 것이 좋다. 지금까지 능숙하게 해 왔던 것들이라도 상관없다.

오히려 너무나 당연시했던 자녀의 행동 하나하나가 기특하다는 것을 깨닫게 되면 당연히 칭찬하고 싶은 마음도 생길 것이다.

칭찬으로 자녀를 교육시킬 때 무엇보다도 중요한 것은 자녀들이 어떤 일을 자기 스스로 실행하는 것이다. 따라서 목표는 가급적 작게 세우고, 그것을 해냈을 때 칭찬을 해줘야 한다.

지나친 감정표현을 할 필요는 없다. 따뜻한 말 한마디, 부드러운 미소, 그리고 마음속에서 우러나오는 뿌듯함과 자랑스러움으로 자녀에게 정확하게 칭찬의 메시지를 전달하면 충분하다.

지나치게 과한 칭찬의 표현은 자녀의 마음을 공격적으로 만들 수도 있는 독소, 즉 자만심을 키울 수 있음을 명심해야 한다.

칭찬을 많이 받고 자란 자녀는 꾸중과 질책에도 잘 참고 견딘다. 칭찬을 받고 자란 자녀는 꾸중을 들었을 때에도 당당하고, 꾸중의 긍정적인 효과를 받아들이기가 쉽다. 하지만 늘 꾸중만 받고 자란 자녀를 꾸중하면, 꾸중에 더 강해지기는커녕, 더 위축되고 언제 또 불호령이 떨어질 것인지 걱정하며 항상 불안해한다.

음식도 많이 먹어본 사람만 그 맛을 알듯이 칭찬도 많이 들어본 자녀들이 칭찬의 위대함을 경험할 수 있는 것이다. 여기서 칭찬의 위대함이란 다른 사람에게도 칭찬의 효과가 전달되는 것을 말한다. 칭찬을 많이 받고 자란 자녀는 동료들을 칭찬할 줄 알고, 이웃들을 칭찬할 줄 알게 됨으로써 칭찬의 효과를 주변에 전달하고 긍정적이고 적극적인 사람이 되는 것이다.

부모의 칭찬은 자녀의 자신감에 있어서 비료로 작용하고, 자녀에게 긍정적인 변화를 이끌어내는 데 있어서는 연료와 같은 역할을 하며, 자녀의 인간관계에는 윤활유의 역할을 하는 마법의 주문인 것이다.

2

칭찬은
보약과도 같다

★
★
★

　밥이 보약이라는 말은 많이 들었을 것이다. 그런데 칭찬이 보약이라는 말은 들어본 적이 있는가? 긍정하는 사람이 많지 않을 것이다. 그러나 이것은 의학적으로 증명된 말이다.

　칭찬이 보약과도 같다. 즉, 칭찬이 자녀를 건강하게 만든다는 것은 복잡한 연쇄 반응에 의한 것이다.

　만약 당신이 자녀에게 칭찬을 하면 자녀는 기분이 좋아진다. 자녀의 뇌 속에서 '도파민'이라는 신경전달물질이 분비되면서 쾌감을 느끼게 되는 것이다. 이것은 혈액에서 '인터류킨' 등 각종 면역 강화물질의 분비를 촉진시킨다. 이는 다시 뇌로 피드백되어 불필요한 스트레스 호로몬의 분비를 억제시킨다. 그 결과 몸을 긴장시키고 흥분시키는 교감신경계의 활성을 억제하며 결국 자녀의 몸은 편안한 상태에 놓이게 되는 것이다.

다시 말하면 칭찬을 많이 받은 자녀는 면역체계가 활성화되어 잔병에 걸릴 위험성이 낮아지고, 자율신경제가 늘 편안한 상태에 있어 최적의 상태를 유지하기 때문에, 건강한 몸을 유지할 수 있는 것이다.

그러나 반대로 심한 체벌이나 꾸중 또는 정서적으로 학대를 받은 자녀는 위의 자녀와 정반대되는 과정에 놓이게 된다. 그 결과 늘 불안한 심리 상태에 놓이게 되고, 정서적으로 매우 위축되는 동시에 각종 질병에 걸리기 쉬우며 신체가 늘 경직되고 긴장한 상태에 놓이게 되는 것이다.

칭찬이 자녀의 몸에 미치는 엄청난 효과를 알았다면 지금 당장 시험해 보자. 칭찬은 비싼 비용을 들이지 않고도 자녀의 몸을 건강하게 만드는 좋은 방법이다.

3

칭찬을 받으며 자란 자녀는 자신감을 갖는다

★
★
★

'격려'라는 것은 누군가에게 용기나 의욕을 불어넣어 준다는 뜻이다.

따라서 자녀를 격려한다는 것은 자녀에게 부모의 마음으로 용기나 의욕을 불어넣어 준다는 것을 의미한다.

자녀들이 홀로서기 위해 필요한 능력과 자신감을 갖도록 지원하고 돕는 것이 부모의 역할이며, 부모에게 주어진 몫이다.

그런데 이것은 말과는 달리 참으로 어려운 문제이다. 도와주어야 할 때와 물러나 있어야 할 때, 칭찬해야 할 때와 꾸중을 해야 할 때를 구분하는 것이 여간 어려운 문제가 아니다.

자녀들은 부모가 항상 자신의 옆에 있기를 바라지만, 다른 한 편으로는 자신이 기량을 마음껏 펼칠 수 있도록 멀리서 지켜봐 주기만을 바란다. 앞으로 나아갈 때나 뒤로 물러설 때, 그리고 좌절할 때에도 부모가 옆에서 평가해 주기를 바란다.

부모는 이러한 욕구를 들어주기 위해서 자녀들의 재능이나 개성, 그리고 그들이 놓인 상황을 이해해야 한다.

자녀들이 무슨 일을 잘했을 때는 물론 칭찬이 필요하겠지만 그보다도 목표를 향해 조금씩이라도 나아갔을 때에는 잊지 말고 칭찬을 해주어야 한다.

자녀들이 실패하고 좌절을 맛보았을 때는 자녀들이 설정한 목표치 가운데 아직 이루지 못한 부분보다는 이미 성취된 부분에 초점을 맞추거나, 혹은 그들이 마주했던 일이 얼마나 어렵고 힘든 일이었는가에 초점을 맞춰 격려해 주어야 한다.

■ 부모들이 빠지기 쉬운 함정

격려하고 칭찬하는 일은 그렇게 쉬운 일이 아니다.

우선 가장 빠지기 쉬운 함정이 있다. 자녀들이 힘들어할 때 빨리 해야 한다는 조급한 생각에 부모들이 자녀를 대신해서 그 일을 해주는 경향이 있다. 이것은 자녀들을 위해서 좋은 일이 아니다. 자녀들의 미래를 생각했을 때, 문제가 되는 것은 시간이 아니라 그 일을 자기 스스로 열심히 해보겠다고 하는 노력이기 때문이다. 따라서 부모들이 자녀들을 대신해서 무엇인가를 해주는 함정에 빠져서는 안 된다.

부모들이 빠지기 쉬운 또 하나의 함정은 실수나 좌절할 것을 걱정하면서 자녀들이 어떤 새로운 일을 하려고 할 때 처음부터 그들의 의지를 꺾어 버리는 일이다. 부모들은 자녀들이 마음의 상처를 받지 않았으면 하고 바라지만 때로는 위험을 무릅쓰고 허용해야 하는 경우도 있는 것이다.

　마지막으로 부모들이 빠지기 쉬운 함정은 부모가 예전에 이루지 못했던 목표들을 자녀들에게 강요하는 것이다. 자녀들이 갖고 있는 그들 나름대로의 목표와 생각을 인정해 주고 존중해 주어야 한다. 자녀들이 부모들과 똑같은 시선으로 세상을 바라보아야 할 필요는 없다. 또한 그래서도 안 된다.

　각자 자신만이 가지고 있는 특별한 재능과 개성이 있다. 자녀들이 스스로 되고자 하는 존재가 될 수 있도록 격려해 준다면 자녀들은 자신감을 갖고 자라게 될 것이고, 우리들은 그들의 눈을 통해 또 다른 세상을 바라볼 수 있는 특권을 누리게 될 것이다.

4

쉬운 칭찬,
어려운 칭찬

★
★
★

　자기 자녀의 어떤 부분이 취약하고, 어떤 부분이 강점인지
를 잘 관찰한다. 그리고 이렇게 관찰한 내용을 노트에 적는다.
이렇게 하는 것은 자녀의 어떤 점을 칭찬해 줄 것인가를 결정
하기 위한 사전 준비다.

　쉬운 칭찬이란 위에서 적은 강점들, 즉 전부터 자녀가 잘 하
고 있던 부분을 당연하게 생각하지 않고 칭찬해주는 것을 말
한다. 물론 원래 잘 하고 있던 것을 지금 새삼스럽게 칭찬해
줄 필요가 있느냐고 말할 수 있다. 그러나 칭찬하지 않고 그냥
당연하게 넘긴다면, 자녀의 그러한 긍정적인 행동은 점차 소
멸될 가능성이 크다.

　그러면 어려운 칭찬이란 어떤 칭찬을 말하는 것일까?

어려운 칭찬이란 쉬운 칭찬과는 다르게 자녀가 잘못된 행동, 또는 부족한 점을 개선했을 때 칭찬해 주는 것을 의미한다. 따라서 칭찬을 받기 위한 목표(예를 들어 어떤 행동을 하지 않았을 때 칭찬해 준다 등)를 먼저 자녀에게 제시해 주어야 한다.

자녀의 행동에 대해서 잘못된 부분들을 노트에 적었다면 그것들을 쉽게 고칠 수 있는 것과 그렇지 않은 것으로 분류해서 나눈다. 그리고 우선순위를 정한다. 그러면 여기서 또다시 칭찬의 방법이 두 가지로 나뉜다.

하나는 '가지 칭찬'이고, 다른 하나는 '뿌리 칭찬'이다.

가지 칭찬은 쉽게 고칠 수 있는 부분을 칭찬하기 시작하는 것이고, 뿌리 칭찬은 자녀에게서 반드시 고쳐야 되겠다고 생각하는 중요한 행동부터 칭찬하는 것이다.

가지 칭찬은 잘못된 부분들 중에서 고치기 쉬운 것부터 시작해서 점차로 어려운 것을 고치려는 부모들이 취하는 방법이고, 뿌리 칭찬은 잘못된 행동의 근본적인 것부터 고치려는 부모들이 취할 수 있는 방법이다.

자녀의 입장에서 보면 가지 칭찬은 쉽게 따라올 수 있으며, 적응하기 쉬운 칭찬 방법이지만, 중요하고 고치기 어려운 단계에 이르면 저항이 생길 수도 있다.

반면에 뿌리 칭찬은 처음부터 저항에 부딪치기 쉬운 방법이지만, 일단 성공하고 나면 지엽적인 작은 문제들이 저절로 고쳐지는 장점이 있다.

　어느 방법을 사용하든지 꾸중이나 처벌을 통해서 자녀의 잘못된 부분을 고치는 것이 아니고, "칭찬을 통해서 자녀들을 변화시킨다."는 기본 원칙을 잊어서는 안 된다.

칭찬하기 전에
전제되어야 할 조건

★
☆
★

　자녀를 칭찬할 때 무엇보다도 중요하고 우선적으로 생각해야 할 것은 왜 칭찬을 하는지 자녀에게 알려주는 것이다. 다시 말해 칭찬하는 이유를 말해주는 것이다. 이유 없이 무턱대고 칭찬했다가는 자녀가 의아하게 생각할 수도 있고, 부모가 칭찬한 의도와는 다르게 생각할 수도 있다.

　만일 여러 가지 이유가 있다면 하나하나 모두 짚어가면서 말해준다. 그러면 자녀들은 어떤 이유로 자신이 칭찬을 받았는지 알 수 있고, 그 결과 그 이후에도 칭찬받은 것들을 계속하려고 할 것이다.

　한 가지 행동을 칭찬하는 것이 아니라 여러 가지 행동이 쌓인 뒤에 칭찬하는 것이라면, 더욱더 칭찬하는 이유를 명확하게 설명해주는 것이 좋다.

이렇게 칭찬의 이유를 설명해 주는 것에는 결과보다는 과정을 중요하게 생각한다는 것을 자녀들에게 은연중에 알려주는 것이다.

많은 부모들이 과정을 생략한 채 결과만을 지나치게 강조하는 경향이 있는데, 이것은 매우 좋지 못한 태도이다. 자녀가 칭찬을 통해서 성장하고 스스로 문제 해결 능력을 키우기 위해서는 반드시 과정에 대한 이해가 뒤따라야만 한다. 그렇지 않고 결과만을 중요하게 여긴다면, 자녀는 정당한 노력을 게을리한 채 잔꾀를 부리거나 편법을 사용하려고 할지도 모른다. 우연히 한두 번 결과가 좋았던 것이라면 더욱 그러한 경향이 강해질 것이다. 우리가 바라는 궁극적인 성공과는 거리가 멀어지는 셈이다.

따라서 칭찬이 반드시 득이 되는 것만은 아니다. 이러한 이유로 칭찬에서 중요하게 강조해야 할 부분이 분명히 존재하는데, 그것이 바로 '과정'인 것이다.

이렇게 칭찬하는 이유를 설명해주면 자녀들은 부모의 말을 듣고 한 번 더 생각하게 된다. 그리고 칭찬으로 기분이 좋아진 자녀들은 자신의 행동과 부모의 칭찬 사이의 인과관계를 확실하게 이해하게 된다. 자신의 행동이 다른 사람에게 어떻게, 어떤 이유로 긍정적으로 보이는가를 잘 이해하게 되는 것이다.

결국 이러한 이해가 앞으로 사회생활을 하는데 있어서 바람직한 행동을 하게 되는 중요한 밑거름이 되는 것이다.

6

👍

자녀를 칭찬하는
두 가지 방법

★
★
★

자녀를 칭찬하는 방법에는 두 가지 방법이 있다.

하나는 입으로 하는 칭찬이고, 또 하나는 몸으로 하는 칭찬이다.

첫째, 입으로 하는 칭찬 중에서 가장 쉬운 것이 "잘했다."라고 짧게 말해주는 것이다. 이런 짧은 말 한마디가 자녀에게 자신감을 심어주는 아주 중요한 일을 하는 것이다. 꼭 말을 하지 않아도 눈빛이나 느낌으로 잘했다는 메시지를 전달할 수 있다고 생각할 수 있겠으나 자녀에게 분명하게 표현하는 것이 시원하고 명확한 방법일 것이다.

세계 최고의 부자로, 마이크로소프트사의 창립자인 빌 게이츠는 어려서부터 게임을 즐겼는데 그의 부모, 특히 그의 외할머니는 빌 게이츠가 게임에서 이길 때마다 "아주 잘했어!"라고 칭찬을 했다고 한다. 그래서 빌 게이츠는 어려서부터 지는 것을 싫어하는 성격을 갖게 되었다고 한다.

우리는 일상생활 중의 모든 일에서 다른 사람의 실수나 잘못을 지적하는 데에만 익숙해져 있다. 그래서 이런 태도는 자녀를 대할 때에도 고스란히 나타난다.

직장 생활을 해본 사람이라면 누구나 상사로부터 질책을 받아본 경험이 있을 것이다. 자신이 맡은 일을 제대로 완수하지 못했을 때, 또는 실수를 했을 때 꾸중을 듣게 된다. 그 결과 실수를 저지르지 않으려고 노력을 하지만 정작 우리가 매일 해낸 일들에 대해서는 제대로 인정을 받지 못하고 있다.

한 일에 대해서, 그것이 중요하건 중요하지 않건, 그저 "수고했어."라는 말만 들었지, 진심어린 말로 "잘했어!"라는 말은 들어보지 못하고 사회생활을 해 왔다. 만약 "참 잘했어!"라는 말이 회사에 퍼져 나간다면 그 직장에서 사원들은 분명히 신명나게 일하게 될 것이다.

가정에서도 마찬가지로 긍정적인 시선으로 자녀에게 "참 잘했어!"라는 말을 자주 해 줄 수 있어야 한다.

둘째, 몸으로 칭찬하는 것은 입으로 하는 칭찬 못지않게 중요하다. 때로는 한 번의 몸짓이 열 마디 말보다 더 강력하고 함축적인 의미를 전달할 수도 있다.

그러면 우리가 아는 몸짓 중에서 자녀들이 좋아할 것 같은 몸짓이 무엇인지 생각해보자.

부모의 따뜻한 품은 자녀들에게 에너지를 공급해주는 연료통이다.

원자력 발전의 기초 원리와 상대성 원리를 발견한 아인슈타인은 어렸을 때 학교생활에 적응하지 못하고 성적도 나빠서 선생님으로부터 손바닥에 매를 맞고 집에 돌아오는 일이 많았다. 그의 어머니는 그런 아들을 야단치기는커녕 오히려 매를 맞아 퉁퉁 부은 손바닥에 입을 맞추어 뽀뽀를 하면서 격려를 해주었다.

"얘야, 너에게는 다른 사람들이 가지고 있지 않은 훌륭한 소질이 있다. 그러니 너는 분명히 훌륭한 사람이 될 것이다."

포옹이나 뽀뽀 등 어떤 몸짓이라도 그것이 자녀에 대한 사랑의 표시이며 칭찬의 증거가 될 때 자녀들은 더욱 용기를 내게 되고 성공하는 길로 나아가게 될 것이다.

구체적으로
이야기하라

★
★
★

    부모가 기대하는 바람직한 행동에 대해서 이야기할 때, 자녀들에게 그것을 구체적으로 얘기해주는 것이 더 좋다.

    대부분의 부모들은 자녀들에게 "좋은 친구들과 사귀어라." 라고 자주 말한다. 물론 자녀들에게 절대적으로 필요한 말이다. 그러나 한편으로는 듣는 입장에서 막연하게 들릴 수 있다. 좋은 친구란 어떤 친구를 말하는 것일까?

    물론 부모의 입장에서 보면 좋은 친구란 행동이 남의 모범이 되고 본받을 점이 많은 친구일 것이다. 그러나 자녀의 입장에서는 막연하게 들릴 것이다.

    구체적으로 이야기해 준다는 것이 그렇게 쉽지만은 않다. 특히 즉흥적으로 이야기해 주려고 할 때에는 더욱 그렇다. 하지만 충분한 시간을 가지고 자녀의 최근 행동을 주의깊게 관찰한 부모에게는 그다지 어려운 일이 아니다. 즉 평소에 이런 일들에 대해서 자녀와 머리를 맞대고 대화를 나누면서 생각하는 시간이 없었기 때문에 어려운 것이다.

구체적으로 얘기한다는 것이 부모가 자녀를 대신해서 어떤 방법을 지정해서 선택해주는 것을 말하는 것은 아니다. 대신에 부모가 자녀를 위해서 여러 가지 방법을 제시하는 것을 말한다.

구체적인 방법을 제시한다는 것은 여러 가지 방법을 제시해주고 그 가운데에서 최종적인 선택을 자녀에게 맡기는 것을 말한다. 그리고 그 선택의 결과에 대해서 자녀와 부모가 다시 생각해 보고 평가한 다음 다른 방법을 쓸지 여부도 결정할 수 있다. 이와 같은 방법으로 자녀는 자신의 문제를 해결해 나가는 능력을 키우게 되는 것이다.

전쟁에 이기기 위해서는 전략을 짜야 하듯이, 자녀의 문제에 있어서도 전략을 잘 짜는 부모가 되어야 한다. 그러기 위해서는 막연한 지시와 칭찬보다는 구체적이고 합리적인 지시와 칭찬이 이루어져야 한다.

그 자리에서 즉시 칭찬하자

★
★ ★
★

　칭찬에도 적절한 타이밍이 있다. 자녀가 칭찬받을 만한 행동을 했을 때에 그 자리에서 즉각 칭찬하는 것이 좋다. 이렇게 하면 행동과 칭찬 사이의 인과관계가 확실해지기 때문이다.

　물론 자녀가 정오에 한 행동에 대해서 저녁에 칭찬해야 할 경우도 있을 것이다. 이럴 때에는 그 이유를 잘 설명하면서 칭찬해야 한다. 그러면 자녀는 자신의 행동과 칭찬 사이의 인과관계를 논리적으로 이해할 수 있을 것이다.

　그러나 역시 더 좋은 것은 정오에 한 행동에 대해서 그 즉시 칭찬하는 것이다. 그러면 자녀는 자신이 칭찬받는 이유를 논리적으로 이해하기 전에 감정적인 이해가 이루어진다. 따라서 칭찬받는 기쁨은 한층 더 커지고, 칭찬받는 이유에 대해서도 더 직관적으로 이해할 수 있게 된다. 즉 어떤 행동에 대한 보상이 그 즉시 이루어진다는 것을 의미한다. 인간의 본능이기도 하고 착각이기도 할 수 있는 이런 특성을 이용하는 것이다.

자녀를 칭찬할 때에는 그 이유를 설명하는 것이 매우 중요하다고 앞에서 설명했다. 하지만 칭찬이 즉시 이루어진다면, 이유를 설명하기 전에 자녀는 자연스럽게 자신이 방금 했던 행동에 대해서 마음속 깊이 긍정적으로 간직하게 될 것이다. 내가 이렇게 행동하니까 칭찬을 받았다는 감정이 강하게 전달될 것이다.

어른들도 그러하지만 아직 성인이 되지 못한 자녀들은 이러한 판단을 더 자주 하게 된다. 심지어 자신이 조금 전에 나쁜 생각을 했기 때문에 지금 부모님의 기분이 나쁜 것이라고 판단하기도 하고, 그 반대로 내가 좋은 생각을 했기 때문에 부모님이 다정스럽게 대해 주시는 것이라고 판단하기도 한다. 따라서 자녀가 눈에 보이는 행동을 했을 때, 그 즉시 반응을 보여야 자녀가 받아들이기가 쉽다.

만약에 자녀가 2시간 전에 어떤 잘못된 행동을 했다고 하자. 그때는 부모가 화를 참고 아무런 말도 하지 않았다. 그런데 지금 자녀가 부모의 눈에 조금 거슬리는 행동을 했더니, 갑자기 몹시 화를 낸다. 이렇게 되면 자녀는 2시간 전의 행동이 잘못됐다는 생각을 하기보다는 방금 전에 했던 행동을 더 심각하게 받아들이게 된다. 이럴 경우 자녀의 잘못을 제대로 고치기가 힘들 것이다.

　잘한 행동에 대해서도 마찬가지다. 그 즉시 칭찬하지 않고 한참 지난 후에 부모의 기분이 좋아졌을 때 칭찬을 한다면 그 칭찬의 의미는 퇴색된다. 자녀로서는 부모가 기분이 좋을 때에만 칭찬을 한다고 생각할 것이다. 그리고 자신이 하는 행동을 살피기 전에 부모님의 기분부터 살피게 될 것이다.

　자녀가 칭찬을 받을 만한 행동을 했을 때에는 지체하지 말고 즉시 그 자리에서 간단하게라도 칭찬하자. 그리고 나중에 그 이유에 대해서 자세히 설명해주는 것이 좋은 방법이다.

9

자녀를 칭찬할 때 지켜야 할
3가지 원칙

★
★
★

첫째, 스스로 한 일에 대해서 더욱 많이 칭찬하자.

우리가 자녀들에게 칭찬을 많이 하려는 이유 중의 하나가 자녀들이 스스로 자신이 해야 될 일들을 스스로 할 수 있게 하려는 것이다. 자녀들이 부모의 잔소리 없이도 스스로 공부도 하고, 세수를 한 뒤에 잠자리에 들고, 방 정리도 잘 한다면 얼마나 좋을까?

처음에는 부모가 자녀에게 일일이 지시를 해서라도 아이가 시킨 일을 잘 했다면 칭찬해 주자.

그러다가 점차 부모가 시킨 일을 했을 때보다는, 어떤 것을 자기 스스로 결정하여 행동으로 옮겼을 때 더 많이 칭찬받는다는 것을 깨닫게 해야 한다.

둘째, 상을 주자.

"칭찬과 더불어서 상을 주십시오."

대부분의 부모님들에게 이런 말을 하면 부모님들이 고민에 빠지시는 것 같다.

"매번 어떻게 상을 주고, 또 무슨 상을 주어야 하나요? 그렇게 하자면 비용도 많이 들 텐데……."

지극히 타당한 생각이다. 그러나 이런 고민은 상을 너무 거창하게, 또는 잘못 이해해서 생기는 것이다. 상이란 것이 꼭 비싼 장난감이나, 좋은 음식점에 가서 맛있는 음식을 사주는 것을 뜻하지는 않는다. 물론 이러한 것도 훌륭한 상이라고 할 수 있다.

그러나 이보다 작은 것들도 충분히 상이 될 수 있다. 적당한 상으로 스티커, 또는 칩을 들 수 있다. 칭찬해 줄 때마다 상으로 스티커를 붙여주거나 칩을 주는 것이다. 따로 마련된 칭찬 노트에 붙여도 좋고, 온 식구가 볼 수 있게 거실 달력에 붙여도 된다. 이와 같은 스티커나 칩을 몇 개 이상 모으면 다른 형태의 상을 주는 것이다. 예를 들어 100개가 모이면 피자, 200개가 모이면 20,000원 미만의 장난감 등. 이는 마치 우리가 가게에서 물건을 살 때 포인트가 적립되는 것과 같은 원리이다. 이와 같이 단계를 세분화하면 경제적인 부담없이 상을 주면서 바람직한 행동을 유도해 나갈 수 있다.

만일 이러한 원칙 없이 칭찬할 때의 기분이나 재정적 상태에 따라서 어떤 때는 비싼 장난감을 사주기도 하고, 어떤 때는 아무것도 사주지 않거나 한다면, 긍정적 행동을 강화시키는 상의 힘이 줄어들 것이다. 게다가 이렇게 되면 칭찬받을 일을 했을 때마다 자녀들이 너무 물질적인 보상을 바라는 심리가 커질 가능성도 높다. 아마 상을 준다고 하면 많은 부모들이 우려하는 것이 이 부분일 것이다.

합리적으로 계획을 세워서 자녀에게 상을 준다면 이런 우려들은 사라질 것이다.

셋째, 하지 말라고 한 일을 하지 않았을 때에도 칭찬은 필수다.

많은 부모들은 자신이 정한 일을 자녀가 잘 따라주었을 때에는 칭찬을 잘 해준다. 그러나 하지 말라고 한 일을 하지 않고 잘 넘어갔을 때는 그냥 무관심하게 지나치기가 쉽다. 칭찬할 때 간과하기 쉬운 면이다.

part 13

직장에서의
칭찬

–
the
great
power
of
praise
–

1

칭찬은
직원들의 열정을 이끌어낸다

★
★
★

직원들을 칭찬해주는 일이 왜 그렇게 중요할까? 대답은 간단하다. 직원은 자신의 성과를 인정해주는 사람을 위해 열정을 가지고 일하기 때문이다.

생각해 보라. 자신의 실적 쌓기에만 급급한 상사를 위해 일하겠는가 아니면 당신의 성과에 관심을 갖는 상사를 위해 일하겠는가?

직원들이 나를 좋아하든 말든 상관없이 내가 회사에 이익만 가져다주면 된다는 사고방식을 가진 CEO의 태도는 직장에서 많은 문제를 일으킨다.

그 중의 하나가 유령 출근이다. 직원들이 매일 출근을 해도 자리에 없는 것과 마찬가지다. 이들은 자리에 앉아 있기는 하지만, 업무 외적인 문제로 인한 지나친 걱정 때문에 업무에 100% 몰두하지 못한다. 이런 직원들은 에너지가 소진되고 스트레스에 찌들어서 직장에서 제 몫을 다하지 못하다가 다시 상사에게 무시당하는 일이 반복된다.

반면에 최고의 리더들은 칭찬을 하는 것에 아낌없이 투자한다. 그리고 이러한 노력은 그만한 가치를 가져온다. 직원들의 노고를 인정해주고 알맞은 칭찬을 해주면 어떤 것으로도 바꿀 수 없는 보상을 얻는다.

직장에서 상사의 칭찬은 다음과 같은 효과가 있다.

> ☑ 직원과 상사 간에 감정적인 유대를 형성할 수 있다.
> ☑ 훌륭한 대화 방법이 될 수 있다.
> ☑ 직원과 관리자를 모두 한 단계 업그레이드시킬 수 있다.
> ☑ 업무성과에 영향을 줄 수 있다.
> ☑ 업무에 전략적인 힘이 될 수 있다.

지금과 같은 경쟁적인 환경에서 기업은 더 좋은 상품, 더 뛰어난 능력, 그리고 더 나은 해결책을 찾는다. 그리고 이러한 것들은 직원들의 헌신적인 노력이 있어야만 얻을 수 있다. 이

것은 오로지 관리자나 상사가 칭찬이라는 최고의 무기를 사용할 때만 가능하다.

2

상사답게 행동할 때
아랫사람을 칭찬할 수 있다

★
★ ★
★

성공하는 관리자는 직원들을 인정하고 칭찬하는 것이 몸에 배어 있다. 직원들이 이룬 성과를 인정해 줄 때 생기는 힘을 잘 이해하고 있기 때문이다. 직원들은 이런 관리자를 좋은 의미의 카리스마가 있는 리더로 받아들인다. 그리고 이런 관리자는 칭찬을 아끼지 않기 때문에 주위에 직원들이 모여든다.

직원들에게 해주는 칭찬은 로켓 발사대와 같다. 칭찬은 직원들로 하여금 보다 높은 곳을 지향하게 하며, 보다 높은 성과를 이루어 내는 원동력이 된다.

"찾아 주셔서 감사합니다. 다음에도 꼭 찾아주세요."

이러한 진심 어린 당신의 인사말들에 고객들은 깊은 호의와 신뢰감을 갖게 될 것이다.

또한 당신이 필요로 하는 것(컴퓨터 수리라든지 마케팅 조사 보고서 또는 새로운 휴게실을 짓기 위한 설계도면 등등)을 공급해 주는 협력업체 직원들도 당신이 자신을 따뜻하게 대접해 주는 인물이라는 것을 알게 되면 납기를 정확하게 지키고 일을 보다 완벽하게 처리하려고 정성을 쏟을 것이다.

남을 칭찬하고 인정하려면 우선 자신을 칭찬하고 인정할 수 있어야 한다. 자신을 비하하는 사람이 어떻게 다른 사람의 등을 따뜻하게 두드려 줄 수 있겠는가? 자신에 대해 좋은 감정을 가지려고 노력하고 자신이 이룬 일에 대해 자부심을 느껴라. 자신을 과소평가하는 버릇이 있는 사람은 직원들에 대해서도 칭찬이 인색한 법이다.

다음으로 명심해야 할 사항은 직원들의 단점을 보지 말고 장점을 보는 습관을 가지라는 것이다. 일단 그런 습관이 붙게 되면 당신이 매장이나 공장에 있는 것 자체만으로도 직원들의 사기는 올라간다.

늘 한결같은 모습을 보이는 직원들의 행위를 특별히 주목해서 살펴야 한다. 그런 행위는 눈에 잘 띄지 않는 법이다. 예를 들어 지각하지 않고 매일 정시에 출근한다거나, 언제나 계획된 시간 안에 일을 완성한다거나, 불량품을 만들어 내지 않는 작업 태도 등은 당연한 것으로 여겨지기 쉽다.

협력업체나 고객의 경우도 마찬가지이다. 당신이 시간에 쫓

길 때마다 늘 특별 배달을 해주는 등 한 번도 불편함을 느끼지 않게 해주는 협력업체의 서비스를 당연한 듯 여기거나 언제나 찾아오는 단골 고객의 구매 행위도 당연한 것처럼 받아들이기 쉽다.

당연하게 느껴져도 뭔가 좋은 점을 봤다면 즉각 칭찬한다.

훌륭한 관리자는 다른 직원이 못 듣는 곳에서 일대일 방식으로 직원을 칭찬하고 격려해 준다. 물론 미리 충분히 생각한 뒤에 어떤 목적을 가지고 칭찬을 하는 것이라면 다른 직원들 앞에서 어떤 직원을 칭찬하는 것도 무방할 것이다. 날마다 칭찬이라는 씨를 뿌리다 보면 모든 사람들이 좋은 결실의 꽃을 피울 것이다.

3

자연스럽게 하는 칭찬이 최고다

★
★
★

칭찬을 하는 데 있어 무엇보다 중요한 것은 억지스럽거나 과장되지 않고 자연스러워야 한다는 것이다. 칭찬은 아부가 아니다. 성과에 합당할 만큼 인정해 주는 것이 칭찬이다. 기울인 노력보다 더 많은 칭찬을 해줌으로써 사기를 높일 수 있다고 생각해서는 안 된다.

칭찬을 듣는 당사자도 자신이 들어야 할 찬사의 범위가 어디까지인지 알고 있는 것이다. 입에 발린 말이나 과장된 칭찬은 아예 하지 않는 것보다 못하다.

또한 칭찬할 때 가장 많이 쓰이는 말이 "잘했군." 또는 "괜찮군."이다. 그러나 이런 간단한 말은 너무 밋밋해서 상대방이 별다른 감정을 느끼지 못한다. 칭찬에 힘이 실려 있지 않다.

"김 대리, 작품 설명이 대단했어. 자네 틀림없이 성공할 거야."

"박 과장, 마케팅 보고서를 우편으로 보내지 않고 이렇게 직접 가져와 줘서 고마워요. 수고해 준 덕분에 마감 시간 전에 일을 마칠 수 있게 됐어요. 정말 고마워요."

"미스 리, 자네는 오랫동안 우리 회사 회계를 맡아 왔지. 자네가 그토록 정확하게 수치를 계산해 내지 못했다면 우리들은 이번 프로젝트에 필요한 견적서를 제대로 뽑지 못했을 거야. 정말 고맙네."

"미스터 박, 당신이 일한 지도 벌써 2년이 됐군요. 그 동안 단 하루도 지각하지 않았다니 정말 대단해요. 마치 시계처럼 정확하군요. 당신의 그런 태도는 다른 직원들에게도 귀감이 되고 있어요."

칭찬받을 만한 대목에서 칭찬을 하고, 다른 의도 없이 순수하게 상대를 기쁘게 해주려는 목적으로 칭찬을 해야 효과가 큰 법이다. 칭찬에 따른 효과를 미리 계산하면 안 된다. 생산량을 늘려야겠다는 식의 어떤 의도를 가지고 칭찬을 한다면 그것은 칭찬이 아니라 술책이다.

칭찬의 스포트라이트가 직원에게 비춰지도록 해야 한다. 당신이 스포트라이트를 받으려고 한다면 칭찬의 효과가 없어진다.

다음은 켄 블랜차드와 스펜서 존슨이 공동 저술한 〈1분 인사 관리〉 중에서 효과적인 칭찬법을 요약해 놓은 것이다.

> ☑ 어떤 일에 대해서 칭찬하는 의견을 밝히고 싶은 경우 당사자 앞에서 일대일로 할 것
> ☑ 칭찬할 것이 있으면 타이밍을 놓치지 말고 즉시 할 것
> ☑ 무엇을 잘 했는지 구체적으로 칭찬할 것
> ☑ 상대방이 잘한 일 때문에 당신이 얼마나 기분이 좋은지 밝힐 것, 또한 그 일이 회사와 다른 직원들에게 얼마만큼 도움이 됐는지도 밝힐 것
> ☑ 당신은 잠시 침묵하고 상대에게 발언의 기회를 줄 것
> ☑ 지금보다 더 좋은 성과를 이루도록 격려해 줄 것
> ☑ 악수를 하거나 등을 두드려 줄 것

이런 행동들은 성공을 거둔 직원 못지않게 당신도 기쁘며 그와 기쁨을 함께 하고 있음을 확실하게 보여준다.

4

믿고
일을 맡겨라

★
★
★

기업에 다니는 직원들에게 "어떤 상황에서 가장 일할 의욕
이 납니까?"라고 물으면 압도적인 다수가 "믿고 일을 맡길 때
입니다."라고 대답한다. 상대방을 인정하는 방법에 우열이 있
는 것은 아니지만, 이 조사 결과만을 놓고 볼 때는 역시 "맡긴
다."는 것이 최고의 인정이라고 생각할 수 있다. 따라서 행동
으로서 칭찬하는 방법이 믿고 맡기는 것이다.

아울러 맡긴다는 것은 지시하는 것과는 다르다. 맡긴다는
것은 사소한 것까지 일일이 지시하는 것이 아니라, 상대가 재
량껏 해나갈 수 있는 일을 할당하는 것이다. 그리고 맡기는 사
람이 최종적인 책임도 질 수 있다는 각오가 있어야 비로소 맡
긴다는 행위가 성립한다.

어떤 일을 맡게 되면 자신의 존재가 대단히 두드러져 보인다. 집단 속에서 자신이 꼭 필요한 존재로 느껴지고, 협력 관계의 틀 안에 확실히 포함되어 있다고 느끼게 된다. 따라서 다소 바쁘기는 해도 내면의 불안, 다시 말해 '혼자가 되어 버리면 어쩌지?'라는 불안이 줄어드는 것이다.

사람을 가장 지치게 하는 순간은 주위의 인정을 받고 있다는 확신이 없고, 그러한 확신을 얻으려고 초조하게 서두를 때다. 마음속에서 불안과 갈등이 뒤엉켜 자신을 채찍질하기 때문에 견디기가 힘들다. 그러나 일을 맡게 되면 다르다. 주위의 인정을 받고 있다는 사실이 전제로 깔려 있기 때문에, 내면은 그리 혼란스럽지 않다. 그렇기 때문에 좀더 창조적이 되고 움직임도 민첩해지는 것이다.

일을 맡긴다는 것은 말하는 것은 쉽지만, 실천은 사실 어렵다. 맡기는 사람이 경험과 지식이 많을수록 남에게 전부 맡긴다는 것이 더 쉽지 않다. 그래서 실제 관리자들의 얘기를 들어보면 한결같이 맡기고는 싶지만, 실제로 부하직원들에게 일을 맡기는 것은 꺼려진다고 말한다. 개중에는 이렇게 말하는 사람도 있다.

"맡기는 것이 바람직하다고 생각해서 맡겨 봤습니다만, 도중에 여러 가지 걱정이 생겨서 결국에는 말참견을 하고 말았어요."

악의가 없더라도 이는 결코 바람직하지 않다. 예를 들어, 한 아이가 정말 갖고 싶어 하는 장난감이 있어서 그것을 사주었다고 하자. 그런데 그 장난감을 다시 빼앗아 버린다면 어떻게 되겠는가? 이런 행동을 보이면 부하직원의 의욕은 단번에 꺾이고, 상사에 대한 신뢰도 사라질 것이다.

이 글을 읽고 있는 당신도 어쩌면 이렇게 말할 것이다.

"역시 맡길 수 없습니다. 괜히 믿고 맡겼다가 회사에 막대한 손실이라도 끼치면 뒷감당은 어떻게 하나요?"

하지만 맡긴다는 것은 어떤 전략도 없이 불쑥 일을 내던지는 행위가 아니다. 번지점프를 하듯이 그저 할 수 있다는 용기를 불어넣고 뛰어내리라고 재촉하는 것이 아니라는 얘기다.

사람을 잘 부리는 상사는 평소에 부하 직원에게 맡길 수 있는 일을 열심히 찾는다. 부하 직원을 잘 관찰하여 이 사람의 수준은 이 정도니까 이 정도 일은 맡겨도 괜찮다는 것을 자연스럽게 모색하는 것이다. 그 일이 설령 실패한다 해도, 부하 직원의 성장에 큰 도움이 될 만한 일들을 끊임없이 찾아야 한다. 우선 맡기고 보자는 식이 아니라, 나름대로 전략이 필요한 것이다. 그리고 맡길 만한 일을 발견하면 목소리 톤을 조금 낮춰서 진지하게 "부탁한다, 믿고 맡긴다."라고 명확하게 말해줘야 한다.

당신은 지금 부하 직원에게 어떤 일을 맡길 수 있는가?

5

상대의 영향력을
말로 전달하라

★
★ ★
★

　지금까지 살면서 남에게 들은 칭찬 중에 가장 기억에 남아
있는 최고의 찬사는 무엇인가? 초등학교 시절 선생님한테 들
은 칭찬인가? 아니면 인생의 전환기에 친구에게서 들은 말인
가? 아니면 부모님이 무심코 내뱉은 말인가? 잠시 기억을 더
듬어 보기 바란다.

　나는 그런 질문을 받으면 머릿속에 떠오르는 선명한 장면이
하나 있다.

　스물네 살 때였다. 그 시절 나는 어느 회사에 근무하고 있었
는데, 우연히 회사의 상무님과 둘이 술을 마시게 되었다. 지금
돌이켜보면 어쩌다 그렇게 되었는지, 왜 신출내기가 상무님
같은 높은 분과 마주앉아 술을 마시게 되었는지 생각나지 않

는다. 그렇지만 그때 상무님이 나에게 한 말은 지금도 아주 또 렷이 기억하고 있다.

"왜 그런지 자네와 있으니 솔직해지는군. 마음이 편해져서 이야기가 술술 나오는걸."

그 순간 나는 머릿속이 하얗게 되어 무슨 말을 해야 할지 몰 라 머뭇머뭇했다. 10여 년이 지난 지금도 그 말은 선명하게 기 억이 난다.

말을 통해서 상대방을 인정해 주는 것을 크게 두 가지로 나 눌 수 있다. 그것은 'YOU를 향한 인정'과 'I 시점에서의 인정' 이다.

YOU를 향해서 상대방을 인정하는 말은 예를 들면 "이번 리 포트는 아주 잘 썼더군.", "노력파군.", "정말 친절하군." 등이 다. 다시 말해 상대방의 어떤 행동이나 존재를 직접 칭찬하는 것이다.

I 시점에서 인정한다는 것은 상대방의 행동이나 존재 자체 가 자신에게 어떤 영향을 미치는지 말로 전달하는 것이다. 예 를 들면 "이번 일은 자네 도움이 정말 컸네.", "자네와 같이 있 으면 나도 에너지가 불끈불끈 솟아난다니까." 등이 그 예다.

둘 중에 어느 쪽이 좋다고 단정할 수는 없지만 오래도록 마 음속에 남는 것을 굳이 선택하라고 한다면 YOU보다는 I쪽인 것 같다. 사람들은 모두 자신이 타인에게 어떤 영향을 미치고 있는지 확인하고 싶어 하기 때문이다. 자신의 영향력을 확인하는 것은 곧 자신의 존재 가치를 확인하는 것이고, 이 사회 속에서 자신이 있어야 할 자리를 명확히 인식하게 되는 것이다. 따라서 I쪽의 인정을 진지하게 말하면 상대의 마음에 강하게 전달된다.

그 상무님이 나에게 던진 말은 그야말로 I쪽의 인정이었다. 그 말을 듣는 순간 '나'라는 존재의 틀이 뚜렷해지고 선명하게 다시 그려졌다. 그리고 10여 년이라는 세월이 흐른 지금도 그의 말은 내 가슴속에 남아 있다.

만약 당신이 부하 직원에게 10년 동안 마음속에 남을 만한 I쪽의 인정을 전달하고 싶다면 어떤 말이 적당할까? 실제로 전달하지 않더라도 좋으니까 꼭 한번 생각해 보기 바란다.

6

칭찬은 사람의 마음을 잡는 가장 좋은 무기이다

★
 ★
★

　사기를 높여 주고, 자율적인 처리가 가능하게 권한을 주고, 적절한 보상을 해줄 때, 직원들은 일할 의욕이 생겨서 거래처 직원이나 고객들을 친절히 맞는다.

　그래서 관리자는 독재자가 아닌 코치가 돼야 한다. 주위로 사람들이 몰려드는 그런 관리자가 돼야 한다. 당신은 매일 어떤 식으로 직원들을 대하는가? 당신이 아무리 직원들에게 잘해 주고 싶다고 해도 매일 보너스를 주거나, 값비싼 회식을 사주거나, 여행을 보내 주지는 못할 것이다. 그리고 매번 고객이나 거래처 직원에게 달력이나 볼펜 같은 기념품을 제공할 수도 없는 노릇이다.

　그런데 돈을 들이지 않고도 사람의 마음을 사로잡는 방법이 있다. 그것은 다름 아닌 칭찬이다. 당신의 감사한 마음을 보여주는 것이다. 누구든 할 수 있는 이 간단하고도 경제적인 방법을 대부분의 사람들은 활용할 생각을 하지 않는다.

최근 미국 노동청 통계에 의하면 작년에 직장을 그만둔 직장인들의 46%가 회사에서 제대로 인정받지 못해서라고 퇴사 이유를 말했다. 필자가 수집한 모든 연구 자료에서도 직원들이 바라는 여러 사항 중 인정받고 칭찬받고 싶다는 것이 상위를 차지하고 있다. 고객들 또한 제대로 대접받고 있다는 느낌을 주는 회사의 상품을 구입할 것이다. 서비스의 경연장이라고 할 수 있는 판매 매장이라면 더 말할 필요도 없다.

모든 직원들은 자신이 잘했거나 또는 잘하려는 노력에 대해서 회사 측에서 인정해주기를 바란다. 당신이 거느리는 직원의 수가 단 한 명이든 아니면 천 명에 이르든 간에 인정받는다는 것은 자부심과 긍지를 높여 주고 만족감을 가져다준다.

우리는 '상사'라는 말에 대해서 원래의 뜻보다 '비판을 해대거나 스트레스를 주는 사람'이란 이미지를 강하게 갖고 있다. 이것은 아마도 그 동안의 업무 관리가 "어떤 것을 하면 안 된다."는 부정적인 데 초점이 맞춰져 왔고, 또한 강압적인 분위기로 직원들의 업무 성과를 향상시키려 했기 때문일 것이다. 활력을 불어넣어 주는 미소, 서로 축하를 나누는 정겨운 말 대신 경직되고 단호한 표정, 위협적인 말투, 그리고 여기저기 나

붙은 경고문이 그 동안의 낯익은 직장 모습이었다. 많이 달라졌다고 하지만 아직도 많은 부분이 옛날 그대로이다.

이 글을 읽는 독자들 중 상당수가 현재 직장에 다니고 있거나 또는 직장 생활을 해본 적이 있는 사람일 것이다. 직장 생활을 하면서 상사로부터 "일을 멋지게 잘 처리해 줘서 고맙네."라는 칭찬의 말을 들어본 적이 몇 번이나 있었는지 한번 생각해 보자.

만약 있다면 그런 칭찬의 말을 듣고서 그날 하루가 어떤 기분이었는지도 생각해 보자. 당신이 인정받고 있다는 느낌과 함께 자부심이 생기고, 하고 있는 일이 보람 있다는 생각이 들지 않았는가?

하지만 대부분 열심히 일했는데도 불구하고 아무런 반응도 얻지 못한 경우가 더 많았을 것이다. 설령 얻었다 해도 "고마워."라는 의례적인 말 정도였을 것이다. 고객의 경우도 마찬가지이다. 점원들의 태도를 생각해 보자. 마치 성가시다거나 자신의 일을 방해했다는 듯이 인상을 써대는 직원들을 보고 왜 굳이 찾아가서 힘들게 번 돈을 쓰는지 스스로에게 물어본 적이 없는가?

상사가 익혀야 할
칭찬 테크닉

★
★
★

직장에서 칭찬은 무한한 힘을 발휘한다.

효과적인 칭찬으로 직원들의 사기는 놀랄 정도로 높아진다.

효과적으로 칭찬해 주는 것이 누구나 할 수 있는 평범한 것으로 생각될 수도 있겠지만 대부분의 사람들은 칭찬을 효과적으로 구사하는 테크닉이 없다. 이 테크닉들을 몇 가지 간추려 보면 다음과 같다.

01 | 즉시 할 것

칭찬을 할 때는 타이밍이 매우 중요하다. 직원이 바라던 어떤 일을 해냈을 때 될 수 있으면 빨리 칭찬이나 격려의 말을 해주는 것이 효과적이다. 뒤늦게 칭찬을 하면 그 효과가 반감

되고 만다. 때늦은 칭찬을 받은 직원들은 상사가 자신이 해낸 일에는 관심이 별로 없고 다른 일을 더 중요하게 생각하고 있다고 느끼게 된다.

02 진심이 담겨 있을 것

앞장에서 언급했지만, 칭찬에 진심이 담겨 있지 않다면 그 칭찬은 단지 말장난에 불과하다. 특히 직장에서의 칭찬은 더욱 그러하다. 그 사람의 성공에 대해 정말로 같이 기뻐하고 흥분하고 있다는 것을 보여줘야 한다. 그렇지 않으면 그 말에 어떤 꿍꿍이가 담겨 있는 것이 아닌지 의심받게 된다. 예를 들어 야근하라고 얘기하기 미안하니까 괜히 비행기를 태우는 것이라고 받아들이게 된다.

03 구체적으로 할 것

직원이 한 일에 대해 일반적이고 형식적인 칭찬은 피한다. 칭찬이 구체적이어야 듣는 사람이 신뢰를 한다. 직원이 한 일이나 행동에 대해서 무엇이 좋았다고 하는 구체적인 이유가 담겨 있어야 칭찬에 힘이 실리는 것이다. 칭찬이 구체적이지 않으면 무성의하고 진실성이 없는 말로 들린다.

"이 연구 자료들의 수치를 계산하느라 밤늦게까지 퇴근도 못하고 정말 고생했어. 자네가 고생해주지 않았다면 오늘 아침 회의에서 제대로 보고하지 못했을 거야. 정말 고맙네."

이렇게 말하는 것이 구체적인 칭찬 방법이다.

그리고 왜 칭찬하는 지가 명백해진다.

04 개인적으로 직접 할 것

칭찬해 줄 사람의 얼굴을 마주보고 칭찬을 해야 의도가 명확하게 전달된다. 또한 이렇게 사람을 직접 불러 칭찬을 하면 관리자가 할 일을 제쳐두고 칭찬할 만큼 직원이 한 일이 매우 중요하다는 사실을 전달하게 된다. 바쁜데 일부러 시간을 내 줬다는 사실에 칭찬을 받은 사람은 무척 고무될 것이다.

05 화끈하게 칭찬할 것

대다수의 관리자들이 칭찬을 하고서도 쓸데없이 토를 다는 바람에 칭찬의 효과를 반감시켜 버리는 경우가 종종 있다.

"이 보고서 정말 잘 만들었어. 그렇지만 오자가 많은 게 흠이야."

라는 식이다.

이렇게 말하면 '그렇지만'이라는 뒷부분의 비판적 내용이 앞부분의 칭찬의 말을 모두 퇴색시켜 버린다. 따라서 듣는 사람은 관리자가 지금 자신을 칭찬하는 것이 아니라 비판하고 있다고 받아들이게 된다. 칭찬은 칭찬으로 끝내고 바로잡을 부분이 있다면, 다음 번 일을 시킬 때 주의를 줘도 늦지 않는다.

칭찬은 앞으로 더 잘할 것이라는 데 초점을 두어야 한다.

직원들을 이렇게 칭찬하고 격려하게 되면 회사나 부서가 계획한 목표 달성이 그만큼 앞당겨지는 효과를 가져 온다.

"옛날에는 참 잘했는데……."라는 식의 칭찬은 오히려 듣는 사람에게 역반응만 일으킨다.